Ullstein Krimi

60

Alfred Hitchcocks Kriminalmagazin

Band 182

Neue Kriminalstories mit Pfiff und Pointe

Herausgegeben von Wolfgang Proll

Ullstein Krimi

Ullstein Krimi
Lektorat: Martin Compart
Ullstein Buch Nr. 10355
im Verlag Ullstein GmbH,
Frankfurt/M – Berlin

Übersetzt von Wolfgang Proll
und Alexander Reigl

Umschlagentwurf:
Atelier Noth & Hauer, Berlin
Foto-Grafik:
Welfhard Kraiker & Karin Szekessy

Printed in Germany 1986
Gesamtherstellung:
Ebner Ulm
ISBN 3 548 10355 3

April 1986

CIP-Kurztitelaufnahme
der Deutschen Bibliothek

Alfred Hitchcocks Kriminalmagazin. –
Frankfurt/M; Berlin: Ullstein
Einheitssacht.: Alfred Hitchcock's
mystery magazine ‹dt.›
Teilw. mit d. Erscheinungsorten
Frankfurt/M, Berlin, Wien

NE: Hitchcock, Alfred [Hrsg.]; EST

Bd. 182. Neue Kriminalstories mit Pfiff
und Pointe / hrsg. von Wolfgang Proll.
[Übers. von Wolfgang Proll u.
Alexander Reigl]. – 1986.
(Ullstein-Buch; Nr. 10355:
Ullstein-Krimi)
ISBN 3-548-10355-3

NE: Proll, Wolfgang [Hrsg.]

In der Reihe
Ullstein Bücher
Alfred Hitchcocks
Kriminalmagazine

Band 150 (10215)
Band 151 (10219)
Band 152 (10223)
Band 153 (10227)
Band 154 (10231)
Band 155 (10235)
Band 156 (10239)
Band 157 (10243)
Band 158 (10248)
Band 159 (10252)
Band 160 (10257)
Band 161 (10261)
Band 162 (10265)
Band 163 (10269)
Band 164 (10273)
Band 165 (10277)
Band 166 (10281)
Band 167 (10285)
Band 168 (10289)
Band 169 (10293)
Band 170 (10298)
Band 171 (10302)
Band 172 (10306)
Band 173 (10310)
Band 174 (10314)
Band 175 (10318)
Band 176 (10324)
Band 177 (10330)
Band 178 (10335)
Band 179 (10340)
Band 180 (10345)
Band 181 (10350)

Inhalt

R. F. Hornig

Nachbar mit beschränkter Haftung

»Er hat heute nacht wieder in seinem Garten gegraben!« sagte Helen über den Frühstückstisch hinweg.

»Danke, aber ohne Milch,« brummte ich gedankenverloren und las ungerührt meine Morgenzeitung weiter.

»Im Garten! Hörst du nicht?!« Helens Stimme drohte, gefährlich laut zu werden.

»Es war Vollmond, und deshalb konnte ich ihn deutlich beobachten, auch wenn er sich hinter den Magnolienbüschen gut verborgen glaubte. Zuerst benutzte er einen Spaten und dann eine Schaufel! Was sagst du dazu?«

»Vielleicht konnte er nicht schlafen und suchte deshalb etwas körperliche Betätigung«, meinte ich ohne viel Interesse an der ganzen Sache. »War jedenfalls besser als im Keller Holz zu sägen. Mr. Thompson ist wirklich ein rücksichtsvoller Nachbar und verdient es keineswegs, derart bespitzelt zu werden.«

Meine bessere Hälfte schnaubte verächtlich. »Ich finde, er benahm sich schon vom ersten Tag an verdächtig. Denk nur an die längliche Kiste, die er in der Nacht seines Einzugs heimlich aus seinem Wagen schleifte! Wenn du mich fragst, Reiner, der Mann hat seine Frau auf dem Gewissen. Und er macht auch ganz den Eindruck eines Mannes, der Ruhe und Ungestörtsein zum erstenmal in seinem Leben genießt.«

»Muß auch etwas Schönes sein!« schwärmte ich vorlaut. »Weißt du, was ich glaube? Du siehst ganz einfach zu viele Krimis im Fernsehen.«

»Und du schreibst zu wenig!« konterte sie, auf meine nur mäßig sprudelnde Einkommensquelle anspielend. »Jedenfalls, wenn du in der Sache nichts unternimmst, mein Lieber, dann werde ich zur Polizei gehen!«

Bloß das nicht! dachte ich entsetzt. Helens maßlose Phantasie war es nicht wert, unseren guten Ruf in der Nachbarschaft aufs Spiel zu setzen.

Seufzend faltete ich die Zeitung zusammen.

»Nun gut, wenn es dich beruhigt, werde ich später bei Mr. Thompson etwas auf den Busch klopfen«, versprach ich ihr.

»Du wirst sehen, es gibt bestimmt eine völlig harmlose Erklärung für sein nächtliches Vorgehen ...«

»Gartifera honolulans?« fragte Helen erstaunt, als sie mir den Nachmittagskaffee an den Schreibtisch brachte. »Sagte er wirklich: Gartifera honolulans?« Ich nickte. »Genau so. Es ist ein sehr exotischer Strauch, den er sich von einem Spezialversand zuschicken ließ. Aber wenn man den Boden vorher gut durcharbeitet, hat er gute Überlebenschancen. Und zwei Pflanzen davon nebeneinander gesetzt benötigen eben genau die Fläche, die jemandem mit einer wild wuchernden Phantasie wie ein Massengrab vorkommen muß.«

Abwartend schenkte ich mir noch etwas Kaffee nach. »Gartifera honolulans! Reiner F. Hornig, du bist ein Trottel und Dummkopf! Ich werde jetzt die Polizei verständigen, damit sie unverzüglich nach dem Rechten schaut, bevor es dunkel wird.«

Mich wehrlos dem Schicksal ergebend, tippte ich weiter.

»Meine Frau mischt sich leider des öfteren in Dinge, die sie eigentlich ...«, begann ich zögernd.

»Schon gut«, winkte der kleine, stiernackige Mr. Thompson ab und trottete langsam zu der kleinen Gruppe, die im Licht der untergehenden Sonne gerade damit beschäftigt war, mit Hacke und Schaufel sein nächtliches Werk zunichte zu machen.

»Meine Leute sind soeben auf etwas Festes gestoßen, Mr. Thompson!« bellte ihm Inspektor Schustak entgegen. »Etwas liegt hier begraben, das ist klar. Allein die überschüssige Erde auf dem Komposthaufen ist ein offensichtlicher Beweis dafür. Wollen Sie nicht endlich ein Geständnis ablegen?« Thompson nickte ergeben.

»Es war der Kummer, der sie getötet hat«, sagte er leise mit fast weinerlicher Stimme. Niemand von uns hätte einem solch grobschlächtigen Menschen soviel Gefühl zugetraut.

»Zu essen hatte sie auch nichts mehr angerührt. Als wir dann hier einzogen ...«

Inspektor Schustak schlug das Kreuzzeichen.

»Ich muß Sie darauf hinweisen«, begann er leise, und sein Adamsapfel hüpfte dabei verräterisch auf und ab, »daß Sie das Recht haben, jede Aussage zu verweigern ...«

»Das hier ist kein Mensch, Inspektor. Das ist – war ein Hund!« rief einer der Beamten plötzlich und zog ein großes, schwarzes Bündel frei.

»Tina war eine Labradorhündin«, sagte Thompson in das allgemeine Schweigen hinein. »Ein so gutes, braves Tier. Sie hing so sehr an meiner Frau, und als diese uns verließ, ging es mit Tina bergab. Den langen Umzug hatte sie einfach nicht mehr verkraften können. Das ist doch nicht etwa verboten, Inspektor, oder? Ich meine, seinen Hund im Garten ...«

Unsicher kämpfte er mit den Tränen.

»Meines Wissens nicht«, antwortete Schustak ihm und blickte sich enttäuscht im Garten um. Überall sonst hatten Gräser und Unkraut offensichtlich schon seit einem Zeitpunkt gewuchert, wo das Haus noch leergestanden haben mußte.

»Er hat seine Frau zu Hause ordnungsgemäß als vermißt gemeldet«, erklärte Schustak Helen und mir anderntags am Telefon. »Und ohne irgendeinen Beweis können wir nicht gleich bei jeder vermißten Person einen Mord vermuten!«

»Ich bin ein sehr einsamer Mensch, Mr. Hornig«, gestand mir Thompson tags darauf, während wir an der Grundstücksgrenze zwei Dosen Budweiser leerten.

»Was halten Sie von einer gelegentlichen Partie Schach?«

»Ich sitze den ganzen Tag über hinter meiner Schreibmaschine«, erwiderte ich ausweichend. »Und außerdem möchte meine Frau nicht, daß ich abends noch –. Manchmal beneide ich Sie um Ihr Strohwitwerdasein.« Thompson nickte verständnisvoll.

Dann blickte er mir fest in die Augen.

»Vielleicht kann ich Ihnen da einen Gefallen tun«, flüsterte er lächelnd. »In meinem Garten ist noch Platz genug!«

Ich wieherte laut über diesen Scherz.

Aber Thompsons Worte spukten noch tagelang in meinem Kopf herum.

Als ich wieder einen Tag später von einer Besorgung heimkehrte, mußte ich feststellen, daß Helen nicht zu Hause war.

Auf dem Küchentisch lag ein Zettel: BIN ZU MUTTER GEFAHREN. WURDE PLÖTZLICH KRANK. IN LIEBE: HELEN. Täuschte ich mich, oder war Helens Handschrift wirklich eckiger und hastiger als sonst?

Ich rief bei ihrer Mutter an. Sie wohnte am anderen Ende der Stadt und wußte weder, daß sie krank war, noch von einem Besuch meiner Frau bei ihr.

Verwirrt unterbrach ich das Gespräch. Langsam machte ich mir ernsthafte Sorgen.

Und ausgerechnet jetzt mußten mir wieder Thompsons seltsame Worte einfallen: VIELLEICHT KANN ICH IHNEN DA EINEN GEFALLEN TUN, MR. HORNIG ...

Ach, Unsinn!

So wahnsinnig konnte doch niemand sein, wegen eines gelegentlichen Schachabends einen Mord zu begehen. Und doch: Wurde nicht auch Thompsons Frau zuletzt gesehen, als sie ihre Mutter besuchen wollte, dort aber nie mehr eintraf?

Nachdenklich blickte ich zu seinem Garten hinüber. Der Hund war anscheinend wieder eingegraben worden, denn das Grab sah aus wie zuvor. Aber – weshalb war die Erde auf dem Komposthaufen jetzt doppelt so hoch? Dies konnte doch nur bedeuten, daß entweder etwas unter dem Erdhaufen lag oder sich AUSSER DEM TOTEN HUND JETZT NOCH ETWAS ODER JEMAND IM GRAB BEFAND! Mir stand das Herz still.

HELEN! dachte ich entsetzt.

»Geben Sie mir sofort Inspektor Schustak!« schrie ich durchs Telefon. »Es geht um Leben oder Tod!«

Eigentlich nur noch um Tod, dachte ich betäubt.

Wie durch einen dichten Nebelschleier drang die Stimme des Beamten in mein Ohr.

»... bereits ein paar Beamte hingeschickt« teilte mir Schustak mit. »Und unter der Last der neuen Verdachtsmomente hat Thompson auch sogleich alles gestanden!« Ein kalter Schauder kroch über meinen Nacken.

»Sie meinen ... er hat auch – Helen ...?« Ich schluckte. »Ihre Frau? Keineswegs, Mr. Hornig. Ihre Frau hat uns doch heute auf die Sache mit dem Erdhaufen gebracht, der plötzlich viel höher war, als er eigentlich sein durfte.

Nein, nein, ich rede von der armen Mrs. Thompson, die im Keller tot in einer Kiste warten mußte, bis der rechte Augenblick gekommen war, um in ihr endgültiges, quasi todsicheres Versteck gebracht zu werden.

Nein, Ihre Frau ist wohlbehalten bei uns auf dem Revier und läßt sich als Detektiv des Jahres feiern.«

Hier machte Schustak eine kleine Pause.

»Aber sagen Sie mir mal eines, Mr. Hornig. Wenn Ihr Nachbar mitten in der Nacht in seinem Garten herumschaufelt und Sie bis zuletzt derart naiv sind und dies nicht mit dem Verschwinden seiner Frau in Verbindung bringen wollen: Was müssen Sie eigentlich für einen phantasielosen Beruf ausüben?«

»Ich schreibe Kriminalgeschichten!« gab ich zerknirscht zur Antwort und mußte nicht lange auf Schustaks Gelächter warten.

John H. Dirckx

Der Mahagonischrank

Ich kann nicht genau sagen, was es war, das mich dazu brachte, das Mädchen in jener nebligen Nacht im April in mein Haus aufzunehmen, obwohl alle Zimmer bereits belegt waren. Vielleicht lag es daran, daß sie so unverkennbar unschuldig und unerfahren aussah. Oder vielleicht auch daran, daß in genau diesem Augenblick alle Hunde in der ganzen Nachbarschaft zu heulen anfingen. Wie auch immer, ich nahm Alice Weldon in jener Nacht ins Haus, hängte ihren Mantel an die Garderobe, stellte ihren einzigen Koffer in die Diele und sagte Doris, sie solle das Bett im Atelier zurechtmachen.

Zuerst aber muß ich noch erklären, daß ich Witwe bin, über mehr als ausreichende Mittel und ein großes Haus verfüge und keine Kinder habe. Ich weiß auch nicht, wie es dazu kam, aber irgendwie hatte es sich ergeben, daß ich Zimmer an alleinstehende Mädchen vermietete, von denen die meisten gerade frisch in Bradford eingetroffen waren, um ihr Glück in der weiten Welt zu versuchen. Wir waren ein einfacher Haushalt, der außer mir aus den folgenden Personen bestand: der Köchin Jessie Frazer, deren Ausbildung als geprüfte Krankenschwester uns manchmal sehr gelegen kam, Doris Brewer, dem Hausmädchen, meinem Neffen Arthur, der seine Eltern verloren hatte und uns bei allen anfallenden Arbeiten zur Hand ging, ungefähr sechs Mädchen, die mehr oder weniger auf Dauer im Haus wohnten, und einer Katze von zweifelhafter Herkunft, die den Namen Etcetera trug.

Das Zimmer, das wir seit jeher als Atelier bezeichneten – der ursprüngliche Besitzer des Hauses war Porträtmaler gewesen – lag im Erdgeschoß zur Straße hinaus und war wegen der Verkehrsgeräusche als Schlafzimmer nicht besonders gut geeignet. Aber es war groß und gemütlich, mit hohen Bogenfenstern, die das Licht von drei Seiten hereinließen, und mit einem offenen Kamin, der im schlimmsten Winter die Kohleheizung ergänzte. Abgesehen von einigen überzähligen Möbelstücken, die dort abgestellt waren, weil sie nirgends sonst gebraucht wurden, stand in einer Ecke auch ein Bett für den Notfall. In diesem Zimmer brachten wir Alice unter.

Obwohl sie sich nicht lange auf unserer Bühne aufhalten wird, muß ich sie wenigstens kurz beschreiben, denn sie war das erste Opfer jener Herrschaft des Schreckens, die dazu führte, daß unsere sonst so ruhige und unauffällige Straße plötzlich in aller Munde war, und die für meine kleine Pension, oder wie immer man es nennen will, fast das Ende bedeutet hätte. Alice Weldon war, eine halbe Stunde bevor sie an meiner Tür klingelte, mit dem Zug aus Mooreton angekommen. Wie die meisten meiner Mädchen hatte sie meine Adresse von einer früheren Mieterin bekommen, und vielleicht war auch das der Grund dafür, daß ich sie nahm.

Sie war nur eine halbe Portion, kaum neunzehn Jahre alt, mit dunklem Haar, dunklen Augen und einem schüchternen und zurückhaltenden Wesen. Sie versicherte uns, daß sie schon gegessen habe, nahm aber dankend an, als unsere Köchin Jessie Frazer ihr eine Tasse Tee anbot. Die anderen Mädchen waren alle zu Hause, wie ich mich erinnere, und sie hießen die Neue herzlich in dem überdimensionalen Eßzimmer willkommen, das uns, ausgestattet mit einem Radio, einem Plattenspieler und mehreren Sofas und Sesseln, als Wohn- und Aufenthaltsraum diente – ein Hafen, in dem man sich nach getaner Tagesarbeit entspannen konnte.

Obwohl sie am Anfang etwas reserviert wirkte, taute Alice bald in der Wärme, der Freundlichkeit und der echten Herzlichkeit der anderen Mädchen auf. Sie sagte, sie sei mit einem Empfehlungsschreiben ihres Pfarrers und ihres Schulrektors nach Bradford gekommen, um sich eine Stellung in der Textilfabrik zu suchen, die Bradfords größtes Industrieunternehmen ist, und die von Bradfordianern niemals anders als »die Deckenfabrik« genannt wird.

»Wenn du willst, stelle ich dich im Büro vor«, sagte Jan Talbot und hob den Blick von dem Puzzle, mit dem sie das Büfett seit fast einer Woche in Beschlag nahm. »Ich arbeite seit fast sechs Monaten in der Poststelle der Deckenfabrik, und ich finde, wir könnten noch jemand brauchen. Vielleicht kannst du mit mir zusammen arbeiten.«

»Das wäre schön«, bemerkte Alice schüchtern.

»Ich würde dir raten«, sagte Jessie Frazer, »lieber keiner Menschenseele in der Deckenfabrik zu verraten, daß du Jan Talbot kennst. Was sie nicht wissen, können sie auch nicht gegen dich verwenden.«

Jan streckte Jessie die Zunge heraus und wandte sich wieder ihrem Puzzle zu.

Unsere Köchin, die ebenfalls im Haus wohnte, war eine stämmige, lebhafte junge Frau von etwa Anfang Dreißig, mit einem schnellen Lächeln und einem schnellen Wort für jeden – zu vielen Worten für mancher Leute Geschmack, denn ab und zu wurden ihre gutmütigen Frotzeleien auch schon mal ungnädig aufgenommen. Aber sie war mit Taten genauso großzügig wie mit Worten. Als Alice sich für die Nacht ins Atelier zurückzog, war es Jessie, die ihr ein warmes, dunkelblaues

Flanellnachthemd lieh, zum Schutz vor der Kälte, die mit den Nebelschwaden ins Zimmer gekrochen war, als Doris es lüftete.

Am nächsten Morgen war ich wie üblich vor Tagesanbruch auf den Beinen, um dafür zu sorgen, daß die anderen rechtzeitig aus den Federn kamen. Der frühe Morgen war in unserem Haus immer etwas hektisch und konfus. Die Mädchen überschlugen sich fast, um rechtzeitig fertig zu werden, entliehen oder verborgten saubere Blusen, suchten nach Schuhen, die sie schlampigerweise an den unmöglichsten Stellen deponiert hatten, tranken mit hastigen Schlucken Kaffee und kauten im Stehen ihren Toast, falls ihre Eile es ihnen erlaubte, überhaupt zu frühstücken. Über dem allgemeinen Durcheinander war Jessies klare, durchdringende Stimme zu hören, die ihre Würstchen und Waffeln anpries, die Transusen wachschimpfte und schlechte Laune mit ihrer unerschütterlichen Munterkeit vertrieb.

Als erstes war ich an diesem Morgen in Polly Gerards Zimmer gegangen. Polly hatte gerade eine längere Krankheit hinter sich, und ich hatte mir angewöhnt, mich am frühen Morgen um sie zu kümmern, während Jessie in der Küche alle Hände voll zu tun hatte. Polly sagte, sie wolle es heute vielleicht einmal mit einem weichgekochten Ei und einer Scheibe Toast versuchen.

Ich war überrascht, Alice Weldon nicht unter denen zu sehen, die sich in den verschiedensten Stadien des Angezogenseins um den Küchentisch drängten. Ich wußte, daß sie vorgehabt hatte, früh aufzustehen, damit Jan sie in der Deckenfabrik vorstellen konnte, bevor sie sich an ihre eigene Arbeit machte. Also schickte ich Doris los, um sie zu wecken, und sagte Jessie wegen dem Ei und dem Toast für unsere Kranke Bescheid.

In weniger als einer Minute war Doris zurück und berichtete, daß Alice nicht in ihrem Bett sei, und anscheinend auch sonst nirgends im Haus. »Aber sie kann auch nicht weggegangen sein, Mrs. Byers«, sagte Doris. »Ihr Mantel hängt noch an der Garderobe.«

Eine kalte Hand griff nach meinem Herzen, als ich diese Worte hörte. Als ich in die Küche kam, war mir im grauen Licht des frühen Morgens aufgefallen, daß zwischen der Garage und dem hinteren Zaun etwas auf der Erde lag. Ich hatte es für ein Blatt von einer Zeitung gehalten, das der Wind in den Garten geweht hatte. Jetzt lief ich zum Fenster, um noch einmal hinzusehen, riß dann, ohne meinen Mantel überzuziehen oder auch nur ein Wort der Erklärung abzugeben, die Küchentür auf und lief die Stufen hinunter in den Garten.

Alice Weldon lag zusammengekrümmt am Zaun, barfuß und nur

mit ihrem oder, besser gesagt, Jessies Nachthemd bekleidet. Eine schreckliche Wunde klaffte an ihrem Hals, und überall war Blut. Ihr Gesicht war totenblaß. Mein Kopf drehte sich, und ich glaube, daß ich kurz davor stand, bewußtlos neben Alice zu sinken, als Jessie mich zur Seite schob und sich über die reglose Gestalt beugte.

Mit professioneller Tüchtigkeit suchte sie an dem schlaffen Handgelenk nach dem Puls und strich dem Mädchen die Haare aus der Stirn, um sich ihre Augen anzusehen. »Sie atmet noch, wenn auch nur ganz schwach, Mrs. Byers«, sagte sie. »Der Puls ist kaum zu spüren. Er kommt und geht. Einer von uns muß sofort Dr. Melton anrufen.«

»Ich gehe schon«, sagte ich, froh darüber, den schrecklichen Ort verlassen zu können.

»Und bringen Sie eine Decke«, rief Jessie hinter mir her.

Dr. Melton wohnte in unserer Straße, aber seine Praxis lag mehrere Blocks entfernt in einer Gegend, die die Stadtverwaltung gerne stolz als Geschäftsviertel bezeichnet. Er war schon oft in unserem Haus gewesen, unter anderem auch zweimal in der letzten Woche, um nach Polly zu sehen.

Ich schickte Doris mit einer Decke zu Jessie und lief zum Telefon in der Diele. Meine Hand zitterte, als ich die vertraute Nummer wählte. Aus der Küche drangen Geräusche, die darauf schließen ließen, daß mindestens zwei junge Frauen einen hysterischen Anfall hatten.

Der Arzt hatte sich gerade an seine Hausbesuche machen wollen. Er riet mir, einen Krankenwagen zu rufen, und sagte, er selbst sei in einer halben Minute da. Die halbe Minute war kaum vergangen, da sah ich seinen Sportwagen in den Weg hinter der Garage einbiegen und lief zu ihm, um ihm zu berichten, der Krankenwagen sei schon unterwegs.

»Hoffentlich beeilen die sich«, sagte er ernst und kniete sich neben Alice in das taunasse Gras. »Sie steht unter einem starken Schock.« Mit geschickten Fingern bereitete er eine Spritze vor. Zwei der Mädchen waren herausgekommen, um zu fragen, ob sie helfen könnten, und er schickte eins von ihnen zurück zu seinem Haus, um weitere Medikamente zu holen.

»Eine schlimme Sache, Mrs. Byers«, sagte der Arzt, als er die Spritze wieder eingepackt und die Wunde an Alices Hals notdürftig versorgt hatte. »Aber sie ist keins von Ihren ständigen Mädchen, oder?«

»Sie ist erst gestern abend angekommen.«

»Was kann sie nur im Nachthemd hier draußen gewollt haben? Sie muß schon seit Stunden hier liegen. Sie ist völlig durchgefroren und durchnäßt.«

»Sollten wir sie nicht besser ins Haus bringen?«

»Nein, lieber nicht. Der Krankenwagen muß ja jeden Augenblick kommen, und dann müßten wir sie bloß noch einmal transportieren.«

»Wird sie –«

»Es steht ziemlich schlimm um sie.« Seine Augen wurden hart, und sein Blick richtete sich auf einen fernen Punkt. »Das muß ein Verrückter gewesen sein«, sagte er. »Haben Sie eine Waffe gefunden?«

»Eine Waffe? Nein, wieso –« Bis zu diesem Augenblick hatte ich wohl nicht gewagt, der Tatsache ins Gesicht zu sehen, daß ein Unhold in menschlicher Gestalt Alice so zugerichtet haben mußte. Jetzt erst gestand ich mir ein, daß eine junge Frau sich nicht mitten in der Nacht im Garten einer harmlosen Pension den Hals aus Versehen durchschneidet. Natürlich war keine Waffe in Sicht. Die hatte der Täter mitgenommen.

Als das unheimliche Heulen des näher kommenden Krankenwagens mich aus meinen Überlegungen riß, kniete Dr. Melton sich noch einmal neben Alice und schob die über sie wachende Jessie sanft beiseite. Er fühlte nach dem Puls, beugte sich über Alice und hörte sie mit dem Stethoskop ab. Sehr langsam richtete er sich dann wieder auf.

»Kein Grund mehr zur Eile«, sagte er fast wie zu sich selbst. »Das arme Kind ist tot.«

Noch bevor der Krankenwagen, dessen Sirene jetzt schwieg, Alice zum Leichenschauhaus brachte, trafen zwei Polizisten ein, beide mit sehr energischem Kinn und sehr strengem Gesicht. Einer von ihnen verhörte uns der Reihe nach, stellte viele bedeutsame Fragen und vermerkte unsere Antworten auf einem Notizblock. Der andere durchsuchte das Haus, ging den Weg hinter der Garage ab, spähte in die Mülltonnen und stocherte im Gras herum. Dann hielt er sich lange in der Küche auf und musterte Jessies Messerkollektion mit professionell mißtrauischem Blick.

Ich zeigte dem Beamten, der die Fragen stellte, den Koffer des toten Mädchens, aber er wollte, daß ich ihn öffnete und den Inhalt mit ihm gemeinsam durchsah. Es war herzlich wenig zum Durchsehen da. Ein paar einfache, aber gute Kleider, ein oder zwei Bücher, ein paar Kosmetikartikel und ein Geldbeutel mit siebenundzwanzig Dollar und ein paar Cents. Das war alles.

Ein paar weitere Kleidungsstücke hingen im Schrank neben dem Bett. Auf dem Tisch fanden wir eine lederne Brieftasche mit den Empfehlungsschreiben und einigen Privatpapieren des Mädchens, aus denen die Heimatadresse in Mooreton hervorging.

»Nach dem, was sie gestern abend erzählt hat, glaube ich, daß sie Waise war«, sagte ich zu dem Polizisten, »bin mir aber nicht sicher. Ich glaube, sie ist bei einer Tante und einem Onkel aufgewachsen.«

»Das wären dann wohl die Pattersons, von denen in den Papieren die Rede ist.«

»Es tut mir leid, daß ich Ihnen nicht mehr helfen kann, aber ich kannte das arme Mädchen ja kaum, als sie –«

»Das geht schon in Ordnung«, sagte der Polizist schwerfällig, klappte sein Notizbuch zu und steckte es ein. »Wir nehmen sowieso nur das Notwendigste auf. Es wird bald noch ein Beamter von der Mordkommission kommen, um sich mit Ihnen zu unterhalten.«

War es nur meine Einbildung, oder beinhaltete sein Ton tatsächlich, daß es dem Beamten von der Mordkommission schon gelingen würde, all die Informationen aus mir herauszuholen, die ich bislang absichtlich verheimlichte?

Der zweite Polizist, der Sucher, hatte auch in der leeren Garage (wir besaßen keine Autos) herumgeschnüffelt, aber zu meiner Erleichterung anscheinend nicht gemerkt, daß darüber ein weiteres Wohnquartier lag. Vielleicht hätte ich schon vorher erwähnen müssen, daß mein Neffe Arthur seit dem vergangenen Herbst dort oben wohnte. Er nahm die Abendmahlzeiten mit uns zusammen im Haus ein und hielt sich auch oft dort auf, um die verschiedensten Arbeiten zu verrichten, aber er schlief über der Garage und verließ das Haus immer schon sehr früh, um den ersten Bus zum College zu erwischen, an dem er Radiotechnik studierte.

Arthurs Mutter, meine Schwester Louise, war gestorben, als Arthur seinen Kriegsdienst ableistete, und ihr Mann war ihr kurze Zeit später gefolgt. Finanziell hatten sie sich nicht sehr gut gestanden, und als Arthur nach dem Waffenstillstand in Europa aus der Armee entlassen wurde, mußte er feststellen, daß er nicht nur beide Eltern verloren hatte, sondern zudem praktisch völlig mittellos war. Es schien einfach eine Sache des Anstands, nicht einmal der Wohltätigkeit, ihm die leere Chauffeurswohnung zur Verfügung zu stellen und ihm dabei zu helfen, sich ein eigenes Leben aufzubauen.

Arthur war schon immer ein stiller Junge gewesen, aber seit den Erfahrungen des Krieges, von denen er selten sprach, schien er noch ernster und introvertierter denn je. Ich will damit nicht sagen, daß er merkwürdig war, sondern nur anders. Empfindlich, und kein einfacher Gesprächspartner. Nur Jessie schien dazu in der Lage, seine Schüchternheit und Reserviertheit zu überwinden und ihn ein bißchen aus sich herauszulocken.

Sobald die Polizisten gegangen waren, scheuchte ich alle Mädchen bis auf Polly zur Arbeit aus dem Haus. Natürlich waren sie spät dran, und die meisten von ihnen waren so durcheinander, daß sie genausogut hätten zu Hause bleiben können, denn ihre Arbeitgeber würden an diesem Tag sicher keine Freude an ihnen haben. Aber dennoch. Als sie weg waren, ging ich zu Arthurs Behausung und schloß mit meinem eigenen Schlüssel auf.

Wenn Sie mich in jenem Augenblick gefragt hätten, was ich zu finden erwartete, hätte ich nicht gewußt, was ich darauf antworten sollte. Ich bin sicher, daß ich einfach Angst hatte, mir diese Frage selbst zu stellen.

Arthurs kleine Wohnung war sauber und ordentlich – auf eine männliche Art, eher spartanisch als gemütlich. An der Wand neben dem Bett stand ein langer Tisch mit Werkzeugen und ein paar elektrischen Geräten. Arthur hatte schon immer eine Vorliebe für alles Mechanische gehabt. In dem letzten Brief, den ich von meiner Schwester erhalten hatte, hatte sie mir voller Stolz berichtet, daß er an der Armeeschule für Radiotechnik angenommen worden war. Aber das war, bevor er dann nach Übersee geschickt wurde.

Es wäre nicht ganz richtig zu sagen, daß ich Arthurs Zimmer durchsuchte. Vielleicht zog ich ein oder zwei Schubladen auf, aber nicht, um ihren Inhalt zu kontrollieren, und schon gar nicht zu durchwühlen. Den kleinen, altersschwachen Sekretär ließ ich ganz in Ruhe, obwohl der Schlüssel steckte.

Auf einem Brett im Schrank sah ich dann das matte Glitzern von Metall und wußte, weshalb ich gekommen war. Ich nahm den Gegenstand herunter und trug ihn ans Fenster. Es war ein deutsches Bajonett – Arthur bezeichnete es immer als »preußisch« – das so lang wie ein Zaunpfahl und so scharf wie eine Rasierklinge zu sein schien. Arthur hatte die grausige Trophäe einmal ins Haus gebracht, um Leder zu schneiden, und ein andermal, um den Deckel eines Einmachglases aufzustemmen. Hatte es auch damals schon diese dunklen Flecken gehabt? Ich wickelte das Bajonett in ein Stück Zeitungspapier und nahm es mit.

Im Atelier stand ein alter Schrank aus Mahagoni, schwer und wuchtig, der schon seit jeher zum Haus gehörte. Ein Teil von Alices Kleidern hing noch darin, aber ansonsten war der Schrank leer, bis auf das Geheimfach, von dem nur ich wußte. Unter dem falschen Boden des Schrankes befand sich ein Raum von der Größe einer Orangenkiste, der sich öffnen ließ, indem man gleichzeitig auf zwei Schnapper drückte, die in die Zierleisten am Fuß des Schranks eingelassen waren. Wie mein verstorbener Mann das Geheimfach entdeckte, entzieht sich meiner Kenntnis – wahrscheinlich durch die Anwendung des Scharfsinns, der ihn im Geheimdienst der Armee bis zum Rang eines Majors hatte aufsteigen lassen. Jedenfalls hatte er das Geheimfach als Aufbewahrungsort für private Dokumente benutzt, und in einer dunklen Periode auch für große Geldsummen, die er den Banken nicht anvertrauen wollte.

Ich kam mir vor wie ein richtiger Schurke, als ich mich ins Atelier schlich, das Geheimfach öffnete und das preußische Bajonett zwischen die Stapel von Geburtsurkunden, vergilbten Fotografien, gebündelten Briefen und Schachteln mit den diversesten Erinnerungsstücken legte. Nachdem ich diese Aufgabe ohne Wissen der anderen im Haus – Polly, Doris und Jessie – erledigt hatte, atmete ich erleichtert auf und machte mich mit weniger schwerem Herzen an die Arbeit des Tages.

Gegen Mittag kamen einige Reporter vorbei, aber Doris verscheuchte sie in ehrlicher Empörung.

Keiner von uns machte auch nur den Versuch, etwas zu Mittag zu essen. Ich saß bei Polly und bemühte mich, sie dazu zu überreden, etwas mehr von der Suppe zu essen, auf die ich selbst keinen Appetit hatte, als Doris mir mitteilte, ein Kriminalpolizist wolle mich sprechen. Ich sagte, sie solle ihn ins Vorderzimmer führen, einen kleinen, quadratischen Raum gleich neben der Diele, in dem ich den Mädchen erlaubte, Herrenbesuch zu empfangen.

Der Kriminalbeamte saß in einem braunen Sessel, den Hut auf den Knien. Er erhob sich prompt bei meinem Eintreten und stellte sich als Inspektor Franklin vor.

Er hatte ein sympathisches Gesicht, war nicht sehr groß und besaß eine ruhige, unaufdringliche Autorität. »Mutter war eine geborene Franklin«, sagte ich, bat ihn, wieder Platz zu nehmen, und setzte mich ihm gegenüber. »Die meisten der Mädchen sind zur Arbeit gegangen.«

»Das ist schon in Ordnung, Mrs. Byers. Ich wollte auch hauptsächlich Sie sehen. Sie waren es doch, die das ermordete Mädchen gefunden hat, nicht wahr?«

»Ja, aber sie war noch nicht tot, als ich sie fand.«

»Hat sie noch etwas gesagt? Irgendwas?«

»Nein, sie war bewußtlos. ›Komatös‹ war das Wort, das Dr. Melton benutzte.«

Er nickte. »Ich habe mit ihm gesprochen. Aber Sie haben sie als erste gesehen. Würden Sie mir sagen, was Sie von ihrem Zustand hielten?«

»Ich war – schockiert, und ich hielt sie für tot. Sie hat sich nicht gerührt, und ihre Haut war so blaß wie Elfenbein.«

»Ich nehme an, daß Sie sich nicht denken können, was sie im Nachthemd draußen wollte?«

»Ich habe nicht die leiseste Ahnung. Es ist mir genauso rätselhaft wie die Tatsache, daß sie getötet wurde.«

»Ich könnte mir denken, daß die beiden Rätsel zusammengehören«, sagte er. »Darf ich rauchen?«

Ich erlaubte es ihm höflicherweise, obwohl ich fürchtete, daß er sich daran machen würde, das Haus mit dem Gestank einer billigen Zigarre oder einer verstopften Pfeife zu füllen, und ich war erleichtert, als er nur eine Zigarette aus seiner Tasche zog. Verblüfft und amüsiert stellte ich fest, daß er seine Streichhölzer hinter dem Hutband aufbewahrte.

»Ich frage mich, ob Sie bereits daran gedacht haben, daß Alice Weldon freiwillig das Haus verlassen haben muß, um ihren Mörder zu treffen«, sagte er. »Außer natürlich, er befand sich bereits im Haus.«

Ich schauderte zusammen. »Könnte es nicht sein, daß sie im Schlaf gewandelt ist?«

»Natürlich könnte das sein«, nickte er mit einem nachsichtigen Lächeln. »Aber wenn wir das annehmen, müssen wir auch annehmen, daß sie barfuß in die kalte Nacht hinausging und rein zufällig einem mörderischen Geistesgestörten in die Arme lief.«

»Aber«, warf ich ein, »wenn sie freiwillig das Haus verließ – im wachen Zustand, meine ich –, hätte sie doch erst Schuhe und einen Mantel angezogen, oder?«

»Aber angenommen, es handelte sich um eine Angelegenheit von großer Eile?«

In seinen Worten lag etwas versteckt, das ich mir nicht recht erklären konnte. »Ich kann mir kaum vorstellen –«

»Angenommen zum Beispiel, sie hörte draußen ein Kind um Hilfe schreien, oder glaubte, diesen Schrei zu hören. Hätte sie sich dann die Zeit genommen, ihre Schuhe anzuziehen, bevor sie hinauslief? Würden Sie das tun?«

»Nein, ich glaube nicht, daß ich das tun würde. Aber niemand sonst hat etwas gehört.«

»Soviel ich verstanden habe, schlief das ermordete Mädchen im Erdgeschoß, während alle anderen Schlafzimmer sich oben befinden.«

»Außer dem von Polly.«

Er faltete ein Blatt Papier auseinander, das in einer kleinen, ordentlichen Schrift beschrieben war, und strich es auf seinen Knien glatt. »Das wäre Miss Gerard?«

»Ja. Sie ist gerade mit Scharlach – das heißt, ohne Scharlach natürlich – aus dem Krankenhaus gekommen. Der Arzt sagte, bis zur völligen Genesung solle sie keine Treppen steigen, und deshalb haben wir ihr Bett nach unten gebracht und in der ehemaligen Anrichte aufgestellt. Aber sie nimmt vor dem Schlafengehen immer ein Bromid, und höchstens ein Erdbeben würde sie wecken.«

Er hatte eine merkwürdige Angewohnheit – er strich sich häufig mit dem kleinen Finger über das Ohr, am Rand der Muschel entlang, von ganz oben bis hinunter zum Ohrläppchen. Ich sollte diese Bewegung noch oft an ihm sehen, aber in diesem Augenblick konnte ich nicht mit Sicherheit sagen, ob sie Konzentration oder Ratlosigkeit bedeutete.

»Man kann es auch umgekehrt sehen«, sagte er. »Das Mädchen könnte auch nach draußen gelaufen sein, um vor etwas zu fliehen, das im Haus war.«

»Vor etwas im Haus?«

»Oder vor jemandem.«

»Sie haben schon einmal gesagt, der Mörder hätte im Haus sein können. Sie wollen doch damit wohl nicht andeuten –«

»Sie hätte ihn selbst einlassen können.«

»Aber Inspektor! Ein junges Mädchen läßt mitten in der Nacht keine Fremden in ihre Pension!«

»Ich habe nicht gesagt, daß es ein Fremder war. Es kommt oft vor, daß das Opfer seinen Mörder gut kennt. Wieviel wissen Sie eigentlich über das Mädchen?«

»Leider Gottes nur sehr wenig. Ich habe heute morgen mit den Polizisten ihre Sachen durchgesehen –«

»Das habe ich auch getan«, sagte er. »Ich meine, hat sie etwas über sich persönlich erzählt? Hat sie vielleicht eine aufgelöste Verlobung erwähnt, oder daß es zu Hause Schwierigkeiten gab, die zu ihrem Auszug führten?«

»O nein, nichts dergleichen. Sie hat von ihrer Tante und von ihrem Onkel gesprochen, liebevoll, wie ich fand, und von ihrer Absicht, sich in der Deckenfabrik eine Arbeit zu suchen. Sie hat die Miete für eine Woche im voraus bezahlt.«

»Sie kam ihnen nicht unruhig oder verängstigt vor?«

»Nicht im geringsten. Nur etwas schüchtern. Die Polizei hat natürlich die Verwandten schon informiert?«

»Die Tante und den Onkel, ja. Die Eltern sind tot. Die Pattersons treffen heute abend hier ein, um die Leiche zurück nach Mooreton zu holen.«

»Glauben Sie wirklich, daß sie mitten in der Nacht jemanden ins Haus gelassen hat – jemanden, der ihr vielleicht von zu Hause gefolgt war?«

Er antwortete nicht sofort. »Lassen Sie uns sagen, Mrs. Byers, daß dies die wahrscheinlichste Erklärung wäre. Heute morgen waren Sie sich völlig sicher, daß sowohl die Vorder- als auch die Hintertür beim Zubettgehen gestern abend fest verschlossen wurden, und daß sie es noch waren, als Sie hinausliefen und Alice Weldon im Garten hinter dem Haus fanden. Ist Ihnen in der Zwischenzeit etwas eingefallen, was Sie an dieser Überzeugung zweifeln läßt?« Er sprach so leise, daß seine Worte manchmal unverständlich wurden und man nur an den Bewegungen seiner Lippen ablesen konnte, was er sagen wollte.

»Nein, nichts. Und der eine Polizeibeamte ist mit mir gemeinsam durch das ganze Haus gegangen und hat alle Fensterverriegelungen im Erdgeschoß und im Keller überprüft.«

Er nickte. »Kein offenes Fenster. Kein Anzeichen dafür, daß jemand sich Zugang ins Haus erzwungen hat.«

»Wenn der Mörder sich im Haus befand«, sagte ich langsam, sorgfältig auf die Wahl meiner Worte bedacht, »weshalb hat er Alice dann hinausgebracht, um sie zu – um zu tun, was er tat? Im Atelier – das heißt, in Alices Zimmer – war nicht ein einziger Tropfen Blut zu sehen. Und auch sonst nirgendwo im Haus.«

Inspektor Franklin stand auf und ging zum Fenster. Von dort aus hatte man einen Blick auf den Garten neben dem Haus, aber nicht auf die Stelle, an der Alice gestorben war. »Damit kämen wir wieder auf die Frage zurück, welche Beziehung zwischen Täter und Opfer bestand. Wer außer Ihnen besitzt einen Schlüssel zum Haus?«

»Alle. Die Mädchen haben alle einen eigenen Schlüssel, Doris und Jessie haben einen, und Arthur natürlich auch.«

Er kehrte zu seinem Sessel zurück und befragte seine Notizen. »Wer?« fragte er dann. »Wer ist Arthur?«

»Arthur Sims, mein Neffe.« Ich gab mir Mühe, meine Stimme ganz natürlich klingen zu lassen. »Er wohnt über der Garage.«

Seine Hand flog unverzüglich zu seinem Ohr. »Er war heute morgen aber nicht hier, oder?«

»Nein, er hatte das Haus schon verlassen. Er studiert am technischen College und muß sehr früh zum Bus.«

»Frühstückt er im Haus?«

»Nein, er frühstückt in der Cafeteria des College. An kalten Tagen kommt er vorher ins Haus, um die Heizung in Gang zu bringen, aber in den letzten drei Tagen haben wir die Heizung nicht benutzt.«

»Seit wann wohnt Ihr Neffe schon hier bei Ihnen?«

»Seit ungefähr sechs Monaten.« Ich erzählte ihm soviel von Arthurs Leben, wie mir angemessen schien.

»Ich würde mich gerne so bald wie möglich mit Ihrem Neffen unterhalten«, sagte er dann. »Wann kommt er normalerweise nach Hause?«

»Um halb fünf, manchmal auch etwas später.«

Er überlegte. »Eigentlich hatte ich nicht vor, Ihre Gastfreundschaft so lange in Anspruch zu nehmen«, bemerkte er. Ein Inspektor von der Mordkommission, der in einer solchen Situation von Gastfreundschaft sprach! Allmählich fing ich an, diesen Mann sympathisch zu finden. »Wahrscheinlich komme ich dann gegen Abend noch einmal vorbei. Führt Ihr Neffe ein geselliges Leben?«

»Wenn Sie damit meinen, ob er abends ausgeht, dann lautet die Antwort nein. Arthur ist ein ruhiger, fleißiger Junge, dem viel daran liegt, am College gut abzuschneiden. Er lebt hier praktisch von Almosen, und natürlich sehnt er sich nach finanzieller Unabhängigkeit. Ich vermute, daß er hier wegziehen wird, sobald er es sich leisten kann.«

»Keine Damenbekanntschaften?«

»Nicht daß ich wüßte.«

»Eine Zuneigung zu einem der Mädchen in Ihrem Hause vielleicht?«

»O nein, das glaube ich nicht.«

Er schwieg eine Weile und schien das Muster der Tapete mit äußerster Konzentration zu studieren. Schließlich wandte er sich wieder seinen Notizen zu. »Dürfte ich Sie darum bitten, mir eine kurze Beschreibung all der Mädchen zu geben, die zur Zeit im Hause wohnen? Seit wann sie bei Ihnen sind, Charakterzüge, die Ihnen ungewöhnlich oder bemerkenswert vorkommen –« Seine Stimme verklang, und er schwieg wieder.

»Meinetwegen. Polly habe ich ja bereits erwähnt. Sie ist ein lebhaftes, kluges Mädchen, wenn es ihr gutgeht, aber im Augenblick ist sie ziemlich bedrückt. Sie wohnt seit etwa einem Jahr hier und hat bis zu ihrer Krankheit in der Design-Abteilung der Deckenfabrik gearbeitet. Iris Crane und Mary Dockerty sind Cousinen, kommen aus Shelbyville und teilen sich ein Zimmer. Sie sind beide Lehrerinnen an der Grundschule in der Market Street, nur drei Blocks von hier. Sie sind seit letztem August bei mir, und manchmal habe ich das Gefühl, daß sie vorhaben, den Rest ihrer Tage hier zu verbringen.«

»Also nicht der Typ, der unbedingt heiraten will«, bemerkte der Inspektor scharfsinnig und hakte die Namen auf seiner Liste mit einem Bleistift ab.

»Anders als Beverly Lamb jedenfalls«, sagte ich lächelnd. »Beverly besucht die Kunstschule, aber ich denke, daß sie nicht dazu kommt, ihre Prüfung zu machen, bevor die Hochzeitsglocken läuten.«

»Sie hat also viele Herrenbesuche?«

»Meistens Anrufe. Besuch hat sie nicht so oft. Wenigstens nicht hier. Wissen Sie, Beverly stammt aus einer wohlhabenden Familie in Avondale. Sie lebt seit Januar hier, weil ihre Mutter und ich zusammen zur Schule gegangen sind, aber die Ausstattung hier und auch die Gegend entsprechen nicht dem, was sie sich unter dem passenden Rahmen für eine junge Frau mit Kultur und auch mit Geld vorstellt. Sie schafft es immer, ihre Freunde in der Stadt zu treffen.«

»Sie schafft es?« sprang er auf das Wort an. »Das klingt in meinen Ohren nach Heimlichtuerei oder gar Unaufrichtigkeit.«

»Dann habe ich Sie in die Irre geführt, Inspektor. Im Grunde ihres Herzens ist Beverly ein gutes Mädchen, nur etwas verwöhnt. Sie teilt sich ein Zimmer mit Gussy Warren, die absolut nichts besitzt, aber Beverly schafft es immer – da ist dieses Wort schon wieder –, Gussy mit fast neuen Strümpfen und anderen hübschen Dingen zu versorgen. Gussy arbeitet in der deutschen Bäckerei in der State Street. Sie unterstützt ihre alternde Mutter und einen jüngeren Bruder, die in Hartley wohnen, ein gutes Stück hinter der Endstation der Straßenbahn. Sie verbringt ihre Sonntage zu Hause. Bei mir ist sie seit kurz vor Weihnachten.«

»Und Janet Talbot?« fragte er fast flüsternd.

»Jan ist seit etwa sechs Monaten hier. Sie ist ein ruhiges, verständiges Mädchen. Sie sortiert in der Deckenfabrik die Bestellungen, die per Post eintreffen, aber es würde mich nicht überraschen, wenn sie eines Tages den ganzen Laden allein leiten würde. Die beiden anderen Mitglieder des Haushalts, abgesehen von mir, sind sozusagen ständige Einrichtungen. Doris Brewer ist als Hausmädchen seit sieben Jahren bei mir – schon seit vor dem Tod meines Mannes. Ihr Vater ist Baptistenprediger in Mississippi, und er ist das einzige männliche Wesen auf der ganzen weiten Welt, für das sie ein gutes Wort übrig hat. Jessie Frazer kam vor vier Jahren, als ich nur zwei weitere Mädchen im Haus hatte. Sie ist gelernte Krankenschwester und hatte gerade eine Stelle im Krankenhaus angetreten. Aber dann kam die erste Welle verwundeter Soldaten, die die Militärkrankenhäuser nicht mehr aufnehmen konnten, und das war einfach zuviel für sie. Sie konnte es nicht ertragen. Ungefähr zur gleichen Zeit verließ mich meine Köchin, und Jessie nahm ihren Platz ein.«

»Wie erklären Sie sich die Tatsache, daß Alice Weldon ein Nachthemd von Jessica Frazer trug, als sie ermordet wurde?« fragte der Inspektor.

»Ganz einfach. Das Zimmer, in dem wir Alice unterbrachten, war kalt, weil wir die Fenster zum Lüften geöffnet hatten. Es schien schon zu spät, um Arthur zu rufen, damit er ein Feuer im Atelier anmachen konnte, und deshalb lieh Jessie Alice ein dickes Nachthemd für die erste Nacht.«

»Halten Sie es für möglich, daß jemand Alice mit Ihrer Köchin verwechselt hat?«

»Das ist sehr unwahrscheinlich. Jessie würde zwei von der Sorte von Alice abgeben. Und nur die Mitglieder des Haushalts konnten wissen, daß Jessie manchmal ein dunkelblaues Flanellnachthemd trug.«

»Das ist mir klar«, sagte er mild.

»Aber Sie können doch nicht denken, daß einer von uns –«

»Was ist zum Beispiel mit den Mädchen, die in den letzten Monaten wieder ausgezogen sind? Könnte es sein, daß eine von ihnen mit Jessie Frazer auf Kriegsfuß stand? Hat eine von ihnen das Haus vielleicht ›im bösen‹ verlassen, wie man so schön sagt?«

»Absolut nicht. Ich versichere Ihnen, Inspektor Franklin, daß niemand, der zu meiner Zeit in diesem Haus gelebt hat, dazu fähig wäre, das zu tun, was Alice Weldon gestern nacht angetan wurde.«

Sein kleiner Finger suchte nach seinem Ohr. »Ihr Neffe lebt über der Garage, sagen Sie?«

»Inspektor!« Meine Stimme wurde schrill, trotz oder vielleicht gerade wegen meiner Entschlossenheit, ganz ruhig zu bleiben. »Sie glauben doch nicht etwa, daß ich derart mit Worten spiele! Arthur hat niemanden getötet.«

»Haben Sie ihn je danach gefragt? Sie sagten doch, er sei in Frankreich gewesen.«

»Als Funktechniker.«

»Als Soldat, Mrs. Byers. Die Aufgabe eines Soldaten ist es, zu töten. Sein eigenes Überleben kann davon abhängen.«

»Aber was hat das mit Alice Weldon zu tun?« Ich war außer mir vor Empörung, und das wußte er.

»Das kann ich Ihnen sagen. Alice Weldon wurde von hinten von einem Rechtshänder getötet, der ein großes, schweres Messer benutzte und ihren Kopf gegen seine Brust drückte, wobei er ihr den Mund mit der linken Hand zuhielt. Es könnte übrigens auch sein, daß sie diese linke Hand gebissen hat –«

»Ja und?« fragte ich, ohne den Zusammenhang mit Arthur zu verstehen.

»Soldaten lernen, genau auf diese Weise zu töten.«

»Doch nicht mit einem Messer! Da hatten sie ja im Mittelalter schon bessere Methoden.«

»Besser?« fragte er mit einem Lächeln, das fast wie ein Vorwurf war. »Ja, ich nehme an, daß Bomben und Granaten und Maschinengewehre besser sind, wenn man seinem Feind nicht gerne ins Gesicht sieht, wenn man seine Schmerzens- und Angstschreie nicht hören und sich die Hände nicht mit seinem Blut schmutzig machen will –«

Ich muß wohl blaß geworden sein, denn er unterbrach sich und hob seinen Hut vom Boden auf. »Es tut mir leid, wenn ich Sie aus der Fassung gebracht habe«, sagte er. »Könnte ich jetzt vielleicht das Zimmer sehen, in dem Alice Weldon geschlafen hat?«

Ohne ein Wort führte ich ihn ins Atelier.

Er untersuchte die Fenster und den Kamin und betrachtete eine ganze Weile das Bett, das wir auf Anweisung der beiden Polizisten ungemacht hatten lassen müssen. Er kniete sich auf den Boden und sah mit Hilfe einer kleinen Taschenlampe auch unter dem Bett nach. Als er sich die wenigen Kleidungsstücke von Alice angesehen hatte, die im Schrank hingen, schloß er die schwere Tür, stellte sich mit dem Rücken davor, ließ die Augen durch das Zimmer wandern und bedachte mich gelegentlich mit einem Blick, der meine geheimsten Gedanken zu durchdringen schien – Gedanken, die sich natürlich mit Arthurs Bajonett beschäftigten, das ohne sein Wissen in seiner Reichweite lag.

Ich denke oft an diese Szene, wie Inspektor Franklin an dem großen Mahagonischrank lehnte, während ich mißmutig versuchte, seinen Blicken nicht zu begegnen, und wir beide nicht ahnten, daß die Lösung zum Geheimnis von Alice Weldons Tod bei uns im Zimmer war.

Ich glaube, daß der Inspektor sich allmählich verabschieden wollte, als ich Arthurs Stimme in der Diele hörte. Wir verließen das Atelier und fanden ihn am Fuß der Hintertreppe, noch in Mantel und Hut, wie er sich von Jessie über den Mord an Alice Weldon berichten ließ. Er wirkte blaß und erschüttert. Ich stellte ihn dem Inspektor vor.

»Ich habe es beim Mittagessen im Radio gehört«, sagte Arthur. »Aber ich dachte, daß es sich um eine Verwechslung handeln muß, weil ich noch nie von dem Mädchen gehört hatte. Aber sie haben deinen Namen genannt, Tante Vi, und die richtige Adresse. Ich habe mehrmals versucht anzurufen, aber es war immer besetzt.«

»Ach ja«, sagte ich. »Doris hat heute nachmittag einfach den Hörer nicht mehr aufgelegt, weil ständig Reporter anriefen.«

»Sie haben also gestern nacht oder heute morgen nichts Ungewöhnliches bemerkt, Mr. Sims?« fragte der Inspektor.

»Nicht das geringste. Ich bin schon vor sieben aus dem Haus gegangen, und da war es noch dunkel.«

»Würde es Ihnen etwas ausmachen, mit mir hinauszugehen und mir zu zeigen, welchen Weg Sie jeden Morgen nehmen – da Sie Ihren Mantel und Ihren Hut ja noch anhaben?« Der Inspektor ging an die Garderobe und nahm seinen eigenen Mantel vom Haken.

Arthur führte ihn durch die Küche und durch die Hintertür. Ich bekämpfte den Wunsch, ebenfalls in meinen Mantel zu schlüpfen und ihnen zu folgen. Arthur würde schon nichts passieren, sagte ich mir. Ich hatte genug getan, um ihn vor unnötigen Belästigungen zu schützen. Vielleicht zu viel. Würde er das Bajonett sofort vermissen und dem Inspektor selbst davon erzählen?

Durch das Küchenfenster beobachtete ich, wie die beiden Männer in ihre Unterhaltung vertieft auf und ab gingen. Später stiegen sie die Außentreppe zu Arthurs Wohnung hinauf. Sie hielten sich lange darin auf. Ich war sicher, daß der Inspektor sich Arthurs linke Hand genau ansehen würde, und daß es ihm bestimmt gelang, Arthurs Zimmer ziemlich gründlich in Augenschein zu nehmen, ohne es sich anmerken zu lassen.

Als Arthur zum Abendessen wieder ins Haus kam, waren die meisten der Mädchen von der Arbeit zurück. Es überraschte mich zu erfahren, daß der Inspektor weggegangen war, ohne noch einmal ins Haus zurückzukommen.

Das Essen an diesem Abend war eine ernste und trübe Angelegenheit und wurde in fast völligem Schweigen eingenommen – in dem Schweigen, das sich breitmacht, wenn jeder seinen eigenen Gedanken nachhängt. Sogar Jessies unverbrüchliche gute Laune schien durch die Ereignisse des Morgens einen Dämpfer erfahren zu haben.

Später kam Dr. Melton vorbei, um nach Polly zu sehen, und hielt im Anschluß daran mit Jessie eine längere Konferenz in der Küche ab. Ich nahm an, daß sie sich über Pollys Zustand unterhielten, und fing an, mir Sorgen zu machen, als die Minuten vergingen und die unverständlichen Stimmen weiter summten, immer wieder übertönt von Geklapper des Geschirrs, das Jessie auf ihre typisch energische Art abwusch.

Jessie schenkte dem Doktor eine zweite oder dritte Tasse Kaffee ein, als ich in die Küche kam, um ihn zu fragen, ob die Tragödie sich negativ auf Pollys Gesundheitszustand ausgewirkt hätte.

»Ganz so schlimm ist es nicht, Mrs. Byers«, antwortete er.

Er ließ seine Pfeife unauffällig in seiner Tasche verschwinden, als hätte ihr Duft nicht bereits die ganze Diele und die angrenzenden Zimmer durchdrungen. »Sie macht ganz gute Fortschritte, aber sie fängt wieder an, Alpträume zu haben. Ich glaube, daß sie wieder nach oben umziehen sollte. Oder anders gesagt, ich halte es für besser, wenn sie wieder nach oben zieht.«

»Ja, ich hätte auch keine große Lust, alleine hier unten zu schlafen«, sagte ich. »Ich werde Arthur bitten, ihr Bett hinaufzubringen.«

»Arthur ist ausgegangen, Mrs. Byers«, sagte Jessie. »Er wollte sich noch Mitschriften einer Vorlesung besorgen, die er verpaßt hat, weil er früher nach Hause kam. Aber ich kann Pollys Bett genausogut hinaufbringen.«

»Daran habe ich keinen Zweifel, Jessie«, nickte Dr. Melton. Dann wandte er sich wieder an mich. »Wie ich höre, war ein Inspektor von der Mordkommission bei Ihnen?«

»Ja, ein Inspektor Franklin.«

»Was für eine Theorie hat er?«

»Er hat sich mir nicht anvertraut«, sagte ich. »Und ich habe nicht die leiseste Ahnung, ob er überhaupt schon eine Theorie hat.«

»Ich bin ja selbst auch so was wie ein Detektiv, Mrs. Byers. Das muß ich sein, in meinem Beruf. Ich habe schon so einiges zu sehen bekommen, was nicht besonders angenehm war. Was mir am Tod des Mädchens merkwürdig vorkommt, ist die Tatsache, daß sie nur eine einzige Verletzung hatte, und auch die war kaum tödlich.«

»Kaum *tödlich*?« rief ich, ging zum Herd und schenkte mir eine Tasse Kaffee ein.

»Natürlich. Das Mädchen lebte noch, als Sie sie fanden, und sie muß schon Stunden dort gelegen haben. Es war ebensosehr die Kälte, die sie tötete, wie die Verletzung, so schwerwiegend diese auch war.«

»Und wie also lautet Ihre Theorie?« fragte ich ihn.

»Das behalte ich im Augenblick lieber noch für mich«, sagte er mit einem Anflug von Wichtigtuerei, die er oft am Krankenbett zur Schau stellte. »Aber jetzt muß ich mich auf den Weg machen – ich habe noch drei Hausbesuche vor mir.« Er nahm seinen Mantel und seine Tasche von einem Stuhl in der Frühstücksecke. »Geben Sie ihr weiterhin jeden Abend ein Bromid, Jessie, und versuchen Sie es mal mit einem

Bouillonwürfel in ihrem Eierpunsch.«

Ich bedauerte es, an diesem Abend nicht selbst ein Bromid genommen zu haben, denn ich lag die ganze Nacht wach, lauschte auf die Gespräche des alten Hauses und dachte an die arme Alice Weldon, die steif und kalt im Leichenschauhaus lag. Und an die schreckliche Waffe im Geheimfach des Mahagonischranks. Ich war nicht bereit zu glauben, daß ich eine Schlange an meinem Busen nährte, oder daß der Sohn meiner Schwester ein schändlicher Mörder fremder junger Frauen war, militärische Ausbildung oder nicht. Aber ich sah schwere Zeiten für Arthur voraus, wenn Inspektor Franklin keinen anderen Verdächtigen fand, und ich betete, daß ich das richtige getan hatte, als ich die Waffe versteckte.

Am nächsten Nachmittag kamen Alices Tante und Onkel, um ihre Sachen abzuholen. Sie schienen ganz anständige Leute zu sein, nicht mehr die allerjüngsten, und ganz offensichtlich nicht mit Wohlstand gesegnet.

Mrs. Patterson war eine Spur zu schnell mit den Vorwürfen bei der Hand und deutete ich weiß nicht was für dunkle Machenschaften in meiner Pension an. Aber ihre Augen waren hart und trocken, und sie schien Alice Weldon eher als eine fehlgeschlagene Investition zu betrachten, und nicht als ein Kind, das viel zu früh gestorben war.

»Wir dachten, sie wollte im Christlichen Verein Junger Mädchen wohnen«, sagte ihr Mann. Es waren die einzigen Worte, die ich ihn sagen hörte. Er tat mir leid. Seine Schweigsamkeit war ein deutlicheres Zeichen des Kummers als ihre Tiraden.

Einen oder zwei Tage lang machten die Zeitungen viel um uns her, wie es bei Zeitungen nun einmal üblich ist. Wir gewöhnten uns an die Neugierigen und Sensationslustigen, die uns zu allen Tageszeiten vom Bürgersteig her anstarrten und unermüdlich durch die Gasse trotteten, nur um die Stelle zu sehen, an der Alice Weldon sterbend gelegen hatte.

Natürlich gab es eine gerichtliche Untersuchung, an der Jessie und ich teilnehmen mußten, aber es wurden keine neuen Beweise vorgelegt, und der Spruch lautete auf Mord, begangen von einem unbekannten Täter.

An diesem Abend schien die Situation in unserem Haus sich wieder etwas zu normalisieren. Polly Gerard kam zum ersten Mal seit Wochen wieder an den Abendbrottisch, und die Unterhaltung schien so lebhaft wie eh und je. Später, als der Tisch abgeräumt und das Zimmer wieder in ein Wohnzimmer verwandelt war, nahmen die Mädchen ihre gewohnten Beschäftigungen wieder auf, als hätte es nie eine Alice Weldon in ihrem Leben gegeben. Jan beschäftigte sich mit ihrem Puzzle, während Beverly sich in einen Roman vertieft hatte, und unsere beiden Lehrerinnen, Iris und Mary, saßen sich am Tisch gegenüber und korrigierten Hefte. Gussy Warren strickte einen Pullover für ihren Bruder, wenn sie nicht gerade an den Knöpfen des Radios herumdrehte.

An diesem Abend hörte ich zufällig eine merkwürdige Unterhaltung zwischen Arthur und Jessie. Ich hatte nicht die Absicht zu lauschen, aber als ich auf dem Weg durch den hinteren Flur ein paar Worte aufgeschnappt hatte, merkte ich, daß ich weder vor- noch zurückgehen konnte, ohne mehr zu hören.

Arthur kam nach dem Essen nur selten in unser Wohnzimmer, blieb aber oft noch eine Weile in der Küche sitzen, trank seinen Kaffee und unterhielt sich mit Jessie, die den Abwasch erledigte. Wenn die Möglichkeit bestand, sich übriggebliebenen Nachttisch zu erbetteln, nahm er auch schon mal ein Abtrockentuch zur Hand.

»Wer außer mir hat noch einen Schlüssel zu meiner Wohnung?« fragte er gerade.

»Nur deine Tante Vi, würde ich sagen«, antwortete Jessie. Sie spülte etwas unter fließendem Wasser ab und stellte es auf das Abtropfbrett.

»Und bevor ich einzog? Hat nicht eine Weile jemand anderer da oben gewohnt?«

»Aber nicht in letzter Zeit. Vor etwa drei Jahren hat deine Tante die Wohnung an einen Mann vom Heeresamt vermietet, Ensign Coles und seine Frau. Aber die sind nur ein paar Monate geblieben.«

»Hatten sie einen Schlüssel zum Haus?«

»Bestimmt nicht. Mrs. Coles hat entweder auf einer Kochplatte selbst gekocht, oder sie sind zum Essen ausgegangen.« Ich verpaßte die nächsten Worte, denn Jessie kratzte gerade die Reste aus dem Gulaschtopf in die Katzenschüssel. Wie der Blitz sauste unsere getigerte Etcetera vom Wohnzimmer her an mir vorbei in die Küche.

»Inspektor Franklin scheint zu meinen, daß der Mörder von Alice Weldon irgendwie ins Haus gelangt ist, sie in den Garten geschleift und erst dort getötet hat«, sagte Arthur.

»Mir läuft es kalt den Rücken runter, wenn ich daran denke, daß irgend jemand im Haus herumgeschlichen ist, ohne daß wir etwas davon ahnten. Nein, die da kannst du stehen lassen – die gehören unter den Spülstein.«

»Ihr könnt froh sein, daß ihr nichts davon geahnt habt, sonst wärt ihr jetzt vielleicht genauso tot wie Alice Weldon.«

»Du glaubst also nicht, daß er ins Haus eingebrochen ist, um ausgerechnet sie zu töten?«

»Ich glaube nicht, daß er eingebrochen ist. Die Polizei hat nicht den kleinsten Hinweis auf einen Einbruch gefunden.«

»Dann muß es also jemand sein, der einen Schlüssel zum Haus hat, das denkst du doch, oder?« Ich konnte fast durch die Wand spüren, wie sie zusammenschauderte. »Du solltest mit deiner Tante darüber sprechen. Sie könnte neue Schlösser einbauen lassen.«

Lange war es still. »Ich glaube nicht, daß das viel nützen würde«, sagte Arthur dann. Wie richtig diese Bemerkung war, sollten die späteren Ereignisse beweisen.

Genau eine Woche nach dem Mord stattete Inspektor Franklin uns einen weiteren Besuch ab. Jessie und ich waren zusammen zum Markt gegangen, wie wir es oft taten. Bei unserer Rückkehr sagte Doris mir, der Inspektor warte im Vorderzimmer auf mich. Ich bat Jessie, eine Kanne Kaffee zu kochen, und ging ins Vorderzimmer, um den Inspektor ins Wohnzimmer zu bitten.

»Es ist gemütlicher hier«, sagte ich und zog die Vorhänge am Ostfenster zurecht.

Er nickte auf seine ruhige Art, und als ich einen Aschenbecher vor ihn stellte, lächelte er anerkennend und zog ein Päckchen Zigaretten hervor.

Er schien merkwürdig unwillig, die Unterhaltung zu eröffnen. Vielleicht erinnerte er sich daran, daß unsere Beziehung bei seinem ersten Besuch etwas angespannt geendet hatte.

»Hat sich etwas Neues ergeben?« fragte ich also nach einer Weile.

»Leider nein. Wir haben uns gründlich mit der Vergangenheit des toten Mädchens beschäftigt, mit ihren Familienverhältnissen und ihren Beziehungen in Mooreton. Aber es gibt nicht den kleinsten Hinweis darauf, daß sie einen Feind hatte. An jenem Abend ist außer ihr niemand mit dem Zug in Bradford eingetroffen, und der letzte Bus aus Richtung Mooreton kam um zwei Uhr nachmittags hier an.«

»Ihr Mörder hätte ihr vorausfahren können. Ihre Pläne waren ja schließlich kein Geheimnis.«

»Nein, das waren sie nicht. Aber ich habe nur gesagt, daß der Bus hier ankam. Nicht, daß jemand ausgestiegen ist.«

»Sie sind also hier, um noch einmal hier bei uns nach dem Mörder zu suchen. Und ich dachte, inzwischen wären wir alle vollständig entlastet.« Ich weiß nicht, was mich dazu führte, ihn derart zu reizen – vielleicht war es der strahlende Frühlingssonnenschein, der das Zimmer an diesem Morgen erfüllte und alle Schatten, reale und emotionale, vertrieb und den Tod von Alice Weldon sehr weit entfernt und fast schon nicht mehr wahr erscheinen ließ.

Seine Hand flog an sein Ohr, mit einer Zigarette zwischen den Fingern, die sein Haar anzusengen drohte. »Niemand ist vollständig entlastet«, sagte er einfach, »bis der wahre Mörder gefunden ist.«

»Sie sind wegen Arthur immer noch im Zweifel?«

»Ich bin der Meinung, daß Arthur mehr über den Mord weiß, als er bisher gesagt hat. Ich hoffe jedoch, daß Sie hier keine weiteren Unannehmlichkeiten hatten?«

»Nicht seit die Pattersons wieder fort sind«, erinnerte ich mich halb reuig.

»Und Ihrer Kranken geht es auch besser?«

»Polly geht es gut«, versicherte ich ihm und wunderte mich, woher er seine Information hatte. Das Geheimnis wurde später gelöst, als ich erfuhr, daß er die unwillige Doris vor meiner Rückkehr nach Hause ausgiebigst ausgehorcht hatte.

Jessie brachte den Kaffee, und er lud sie ein, zu bleiben, aber sie lehnte dankend ab und entschuldigte sich damit, sie müsse das Fleisch wegräumen. Als sie wieder weg war, erhob sich der Inspektor und schloß zu meiner Überraschung die Küchentür hinter ihr.

»Scheint ein vernünftiges Mädchen zu sein«, bemerkte er ruhig, aber er setzte sich nicht wieder, sondern wanderte mit der Tasse in der einen und der Untertasse in der anderen Hand im Zimmer hin und her. »Sicher neigt sie nicht dazu, sich aus grundlosen Ängsten in wilde Phantasien zu steigern, oder?«

»Ganz sicher nicht. Wieso fragen Sie?«

»Wußten Sie, daß Jessica Frazer bei der Polizei war und bezüglich merkwürdiger Geschehnisse im Haus eine Aussage gemacht hat? Nein? Dachte ich es mir doch.«

»Was für merkwürdige Geschehnisse?« wollte ich völlig erstaunt wissen.

»Geräusche in der Nacht. Gegenstände im Atelier, in dem Alice Weldon schlief, die unerklärlicherweise von der Stelle bewegt wurden, und auch in diesem Zimmer, glaube ich.«

»Aber davon weiß ich ja gar nichts. Und wann soll all das geschehen sein?«

»In der dritten und vierten Nacht nach dem Mord.«

Ich richtete mich auf und drehte mich halb um, um Jessie ins Zimmer zu rufen, aber er hob die Hand und hinderte mich daran. »Warten Sie, bis sie es Ihnen aus eigenen Stücken sagt«, sagte er. »Vielleicht ist ihr ja doch nur die Phantasie durchgegangen. Aber ich muß der Sache natürlich nachgehen.«

Der helle Optimismus des Tages war dahin, vertrieben von einem eisigen Wind der Angst. »Aber Inspektor, was hat das alles zu bedeuten? Wird es einen zweiten Mord geben, bevor die Polizei den ersten aufgeklärt hat?«

Er schien erstaunt über die Schärfe meines Tons. »Ich will es nicht hoffen, aber es gibt noch so einiges, das unerklärt ist. Einerseits haben wir einen Mörder, der anscheinend ohne Motiv zuschlägt und spurlos verschwindet. Andererseits ein Haus voller Menschen, in das anscheinend jemand nach Belieben eindringen kann, und zwar trotz verschlossener Türen.«

Ich erinnerte mich an die Unterhaltung zwischen Arthur und Jessie. »Meinen Sie, ich soll neue Schlösser einbauen lassen?«

»Das wollte ich gerade vorschlagen. Und Sie sollten auch Riegel anbringen lassen.«

»Meinetwegen, aber das bedeutet natürlich, daß jemand aufstehen und Arthur einlassen muß, wenn er kommt, um die Heizung zu füttern. Aber das kalte Wetter scheint ja ohnehin vorbei zu sein.«

Er blieb am Büfett stehen und betrachtete Jans Puzzle, das längst noch nicht fertig war. Nach einer Weile versuchte er es mit einem Teil, das auf Anhieb paßte. »Erstaunlich, nicht wahr?« sagte er. »Wie sich manchmal eine völlig überraschende Lösung auftut, wenn man ein Puzzle von einem anderen Gesichtspunkt her betrachtet.«

»Mein Mann war ein begeisterter Puzzler.«

»Und jemand, der seine Puzzles genial zusammensetzte, wie ich weiß«, antwortete er darauf. »Ich hatte die Ehre, Major Byers flüchtig zu kennen.«

»Das haben Sie mir neulich gar nicht gesagt.«

»Da haben Sie mich ja auch nicht in Ihr Wohnzimmer eingeladen und mir Kaffee angeboten.«

Ich wußte nicht, was ich darauf sagen sollte, also schwieg ich. Er machte einen Schritt zurück und schien das Puzzle weiterhin zu studieren, obwohl ich sicher war, daß seine Gedanken ganz woanders waren. »Wissen Sie, welches Teil sich am schwersten in ein Puzzle einfügen läßt?« fragte er plötzlich, ließ mir aber keine Gelegenheit zu einer Antwort. »Das Teil, von dem man gar nichts weiß.« Er bückte sich und hob ein Teil auf, das auf den Boden gefallen war, hielt es zwischen Daumen und Zeigefinger hoch, damit ich es sehen konnte, und legte es dann auf das Büfett.

Er verbrachte viel Zeit im Atelier, und später hörte ich ihn im Keller herumstöbern. An diesem Tag verabschiedete er sich von mir, bevor er ging. Am Nachmittag ersetzte ein Handwerker die Schlösser an

Vorder- und Hintertür und brachte Riegel an, die das Haus wie eine Festung oder ein Gefängnis wirken ließen. Aber ich fühlte mich beim Zubettgehen sicherer als in all den anderen Nächten seit Alice Weldons Tod.

Ich erwachte in tiefschwarzer Dunkelheit oder, besser gesagt, ich erwachte so halb und wollte mich gerade umdrehen, um wieder einzuschlafen, als ich fühlte, daß Etcetera zusammengerollt an meinen Füßen lag. Entsetzt schreckte ich hoch, denn ich hatte die Katze selbst in den Garten gesetzt, bevor ich alle Türen schloß, und niemand hatte einen Grund dafür, im Anschluß daran noch einmal aus dem Haus zu gehen.

Ich weiß nicht, wie lange ich reglos dalag, in kalten Schweiß gebadet, und auf die geringsten Geräusche lauschte. Nichts war zu hören als das Seufzen des Windes, das Ticken des Weckers und das vertraute Schnarchen von Mary Dockerty von der anderen Seite des Flurs. Nach einer halben Ewigkeit kam ich zu dem Schluß, daß ich aufstehen und nach dem Rechten sehen mußte.

Ich knipste die Lampe auf dem Nachttisch an und stellte fest, daß es nicht einmal fünf Uhr war. Etcetera gähnte und reckte sich und drehte den Kopf vom Licht weg. Die Unterbrechung ihres Schlummers gefiel ihr gar nicht. Ich zog einen Morgenmantel über, schlüpfte in die Pantoffeln und nahm eine Taschenlampe aus der Schublade meiner Kommode, damit ich nicht das ganze Haus aufweckte, wenn ich das Licht im Flur anknipste.

Im Flur wandte ich mich instinktiv zum hinteren Teil des Hauses. Die Vordertreppe war mir nach zu vielen Seiten hin offen. Jeder, der sie mit einer Taschenlampe hinabstieg, war nicht nur von jedem Winkel der Diele aus zu sehen, sondern auch vom Vorderzimmer und vom Atelier her. Ich ließ die Taschenlampe kurz die hintere Treppe hinunterleuchten, sah nichts Schrecklicheres als einen Handfeger, der nicht weggeräumt worden war, und stieg hastig in die Dunkelheit hinab.

Im Flur im Erdgeschoß war es so kalt, daß ich sicher war, die Hintertür müsse offenstehen. Ich spitzte die Ohren und lauschte, aber nicht das kleinste Geräusch war zu hören. Dann erreichte ich die Küchentür, streckte die Hand hinein und schaltete das Licht ein. Der helle Schein gab mir neuen Mut. Ein Blick auf die Hintertür zeigte mir, daß der Riegel noch vorgeschoben war. Aber im nächsten Augenblick zuckte ich zurück, drückte mich entsetzt gegen den Kühlschrank und konnte nicht glauben, was ich auf dem Boden gesehen hatte.

Jessie Frazer lag in Nachthemd, Morgenmantel und Pantoffeln vor dem Herd. Ihre verzerrten Züge waren leuchtendrot verfärbt, und ihre Augen waren weit aufgerissen. Ich mußte nicht erst näher herangehen, um zu wissen, daß ich die Polizei anrufen mußte, keinen Krankenwagen.

Bevor ich zum Telefon ging, schaltete ich alle Lichter im Erdgeschoß ein, und auch dann noch sah ich immer wieder über meine Schulter hinweg durch die kalte, helle, leere Diele, und ich sprach so leise und hastig, daß der Mann im Polizeirevier mich bitten mußte, deutlicher zu reden. Ich wußte nicht genau, was mit Jessie geschehen war, aber ich war sicher, wenn sie ermordet worden war, mußte der Mörder noch im Haus sein, denn auch die Vordertür war noch genauso sicher verriegelt wie die Hintertür.

Als ich eingehängt hatte, ließ ich mich an der Stelle, an der ich stand, auf den Boden sinken und weinte lautlos vor mich hin. Ich glaube, ich habe mich niemals zuvor so allein gefühlt und niemals zuvor so gefürchtet wie in diesem Augenblick. Alice Weldon war ja praktisch eine Fremde gewesen, aber mit Jessie hatte ich eine liebe Freundin und eine loyale Gefährtin verloren. Erst als die Polizei an die Vordertür klopfte, rührte ich mich wieder.

Und dann waren innerhalb weniger Minuten alle im Haus auf den Beinen, und ein neuer Sturm des Entsetzens und der Hysterie fegte durch die Räume. Die Polizei durchsuchte die Zimmer mit einer Gründlichkeit, die fast schon die Regeln des Anstands verletzte, fand aber keinen Eindringling.

Kurze Zeit später kam auch Inspektor Franklin, ein unrasierter Inspektor Franklin, der im grellen elektrischen Licht sehr grau und hager aussah. Er hielt sich eine Weile mit den anderen Polizisten in der Küche auf und kam dann zu mir. Ich sagte ihm alles, was ich wußte.

»Er hat uns zum Narren gehalten, verflucht noch mal!« rief er und schlug sich mit der Faust in die andere Handfläche. »Ich habe gedacht, die Riegel würden ihm den Weg versperren, aber –«

»Dann ist es also Mord?«

»Mord, der wie Selbstmord aussehen soll. Wir haben unter dem Küchentisch eine Spritze mit Zyanid gefunden, auf der zwar Jessies Fingerabdrücke sind, aber sie sind verkehrt herum plaziert. O ja, es ist Mord.«

»Heiliger Himmel, warum denn nur? Wer hat das getan? Wenn Sie es wissen, ist es Ihre Pflicht, es mir zu sagen.«

»Wenn ich es wüßte, Mrs. Byers, würde ich nicht hier herumstehen und die Hände ringen wie ein Milchmädchen.«

»Glauben Sie, daß doch Jessie sein geplantes Opfer war, von Anfang an, meine ich? Daß er Alice nur umbrachte, weil das Nachthemd ihn täuschte?«

Aber er war nicht in der Stimmung, sich auf Spekulationen einzulassen.

Jemand war zur Garage gelaufen und hatte Arthur geweckt, und kurze Zeit später erschien er in unserer Mitte, blinzelnd und kopfschüttelnd. Einer der Polizisten kochte Kaffee, denn niemand sonst war willens, einen Fuß in die Küche zu setzen. Und niemand beklagte sich darüber, daß er zu stark geraten war, als wir alle wie betäubt im Wohnzimmer hockten und zusahen, wie das erste Licht des Tages die Nacht vertrieb – genau wie an jenem schrecklichen Morgen vor einer Woche.

Ich schickte Doris mit einer Tasse Kaffee für den Inspektor los, aber sie kam wieder damit zurück und sagte, er sei nirgends im Haus zu finden. Und doch kam er wenige Augenblicke später aus dem Atelier in die Diele. Er schien irgendwie verändert, mehr Herr seiner selbst und der Lage. Eine Zigarette steckte zwischen seinen Lippen, aber er hatte vergessen, sie anzuzünden.

»Würden Sie bitte einen Augenblick herkommen, Mrs. Byers?« sagte er und zog mich mit sich ins Atelier. »Ich möchte Ihnen gerne etwas an Ihrem Haus zeigen, das Sie selbst nicht kennen.«

Er ging zum Fenster neben dem Kamin, hob die hölzerne Fensterbank an wie den Deckel einer Kiste und drückte sie nach außen. Und das ganze Fenster, Rahmen und alles, schwang fast lautlos auf wie eine Tür und hinterließ eine gähnende Lücke in der Wand.

»Das erklärt eine Menge, finde ich«, sagte er und zog das Fenster wieder zu.

»Es erklärt, wie der Mahagonischrank ins Zimmer kam«, sagte ich. »Ein Möbelpacker hat meinem Mann einmal versichert, daß der Schrank im Zimmer selbst gebaut worden sein müsse, da er unmöglich durch die Tür passen würde.«

»Es erklärt auch, wie der Mörder kam und ging. Ich habe das Fenster von außen kaum berührt, und schon schwang es auf.«

»Aber warum hat jemand diesen Mechanismus eingebaut?«

»Genau das richtige für ein Atelier, um riesige Steinblöcke ins Haus und die fertigen Statuen hinauszubringen.«

»Es war das Atelier eines Malers.«

»Dann eben fertig bemalte Leinwände. Das Fenster sollte sofort verschlossen werden. Ich will Ihnen was sagen – ich werde dafür sorgen, daß noch heute morgen ein Maurer kommt. Aber erst soll einer meiner Männer die Rahmen auf Fingerabdrücke untersuchen.«

Niemand ging an diesem Tag zur Arbeit. Sogar Arthur blieb zu Hause. Vor dem Essen kamen Iris und Mary und sagten mir, ihre Mütter verlangten, daß sie das Haus unverzüglich verließen. Ihre Mütter in Shelbyville konnten zu diesem Zeitpunkt noch nichts von dem erfahren haben, was die Zeitungen geschmackloser- aber auch unvermeidlicherweise den »Zweiten Nachthemdmord« nannten, außer natürlich, eine von ihnen hatte die Mutter per Ferngespräch über das Geschehen informiert.

Inspektor Franklin hielt sein Wort. Bis zum frühen Nachmittag waren die Maurer gekommen und gegangen und hatten keine Spur ihrer Arbeit hinterlassen, bis auf den Geruch von frischem Kiefernholz. Nach dem Abendessen schloß ich mich im Atelier ein und öffnete das Geheimfach im Boden des Schrankes. Es war leer!

Ich hatte das Gefühl, sofort mit jemandem darüber sprechen zu müssen – aber wie sollte ich Arthur erklären, daß ich sein Bajonett fortgezaubert hatte? Wie sollte ich Inspektor Franklin die komplizierten Motive erklären, die mich dazu geführt hatten, das zu tun? Ich beschloß, mich Dr. Melton anzuvertrauen, der seit Jahren ein zuverlässiger Freund der Familie war. Er hatte bereits sein Interesse an unseren Problemen bezeugt und war von Anfang an an dieser Angelegenheit beteiligt gewesen.

Ich zog meinen Mantel an, sagte niemand, wo ich hinwollte, und ging durch die schmale Gasse zum Haus des Doktors. Sein gelber Sportwagen stand in der offenen Garage. Auf mein Klopfen an der Hintertür wurde mir von Mrs. Melton geöffnet.

»Ist es ein beruflicher Besuch, Mrs. Byers?« fragte sie mit dem leicht hämischen Zug, der ihr Gesicht nie zu verlassen schien. Ich hatte schon oft das Gefühl gehabt, daß der Doktor in seiner häuslichen Umgebung nicht besonders glücklich war.

Sie führte mich in das überfüllte, verräucherte Arbeitszimmer, in dem er im Schein einer Lampe mit grünem Schirm am Schreibtisch saß und las. Er legte sein Buch weg und deutete auf einen Ledersessel. Dann hörte er mir schweigend zu. Nur ab und zu nickte er einmal oder paffte an seiner Pfeife.

»Sie haben dem Inspektor also nichts davon gesagt?« fragte er, als ich mit meiner Erzählung am Ende war.

»Nein. Ich habe das Bajonett ja nur versteckt, um Arthur quälende Fragen danach zu ersparen. Und wenn ich dem Inspektor jetzt davon erzähle, wird es für Arthur nur noch schlimmer.«

»Aber Sie wollen doch sicher die Familienpapiere zurückhaben, die ebenfalls gestohlen wurden, oder?«

»Der Verlust der Papiere ist nichts weiter als eine Unannehmlichkeit. Es ist das Bajonett, das mir Sorgen macht. Vielleicht war es die Waffe, mit der Alice getötet wurde. Und bestimmt sind Arthurs Fingerabdrücke darauf. Und meine natürlich auch.«

Er dachte eine Weile darüber nach, während er mit verschiedenen Kleinigkeiten auf seinem Schreibtisch herumspielte. »Mrs. Byers, ich kann Ihnen nur raten, reinen Tisch zu machen und der Polizei alles zu sagen. Das wäre das Vernünftigste, und Sie werden sehen, daß es im Endeffekt auch für alle das Beste ist. Aber das hat wohl noch bis morgen Zeit. Der Inspektor braucht schließlich auch seinen Schlaf. Wissen Sie, was ich Ihnen für heute nacht raten würde? Holen Sie Ihren Neffen ins Haus. Er ist ein kräftiger Junge, aber wenn er in seinen Zimmern über der Garage ist, kann er Ihnen nicht helfen.«

»Dann glauben Sie also, daß wir immer noch in Gefahr sind?« Ich erzählte ihm, daß das falsche Fenster im Studio verschlossen worden war.

»Im voraus sind Gefahren immer schwer abzuschätzen«, sagte er kurz und klopfte die Asche aus seiner Pfeife in eine zerbeulte Messingschale neben sich. »Holen Sie sich den Jungen ins Haus. Hat er einen Revolver?«

»Nicht daß ich wüßte.«

Ich dachte schon, er wolle mir einen leihen, aber dann tat er es doch nicht.

Arthur erklärte sich sofort bereit, im Atelier zu schlafen, aber es war schon sehr spät, fast elf Uhr, als er einen kleinen Koffer mit dem Notwendigsten ins Haus brachte, und ich die Türen für die Nacht verriegelte.

Ich konnte nicht schlafen. Mehrmals schaltete ich das Licht ein, um einen Blick auf die Uhr zu werfen, und das letzte Mal, an das ich mich erinnere, war es ungefähr halb drei. Kurz danach glaubte ich, von der Vordertreppe her ein Knarren zu hören, so als steige jemand langsam und vorsichtig die Stufen hinauf.

Vermutlich waren meine Nerven durch die Ereignisse der letzten Tage bis zum Zerreißen gespannt. Zu jedem anderen Zeitpunkt hätte ich angenommen, daß eines der Mädchen nach unten gegangen war, um sich ein Glas Milch zu holen, aber nun war ich überzeugt, daß es dem Eindringling wieder einmal gelungen war, ins Haus zu gelangen.

Ich widerstand dem Impuls, mir die Bettdecke über den Kopf zu ziehen, schlüpfte aus dem Bett und ging, ohne Licht anzumachen, zur

Tür meines Zimmers. »Bist du es, Arthur?« fragte ich so leise, daß meine Stimme höchstens bis zur Treppe zu hören war.

»Ja, ist bei dir alles in Ordnung, Tante Vi?«

»Ich denke schon. Du hast mir einen Schrecken eingejagt, weil du im Dunkeln die Treppe heraufgekommen bist.«

»Ich muß dir unbedingt im Keller etwas zeigen.«

»Was denn? Hat das nicht bis morgen Zeit?« Ich spürte, daß er von der Treppe her näher kam, doch sehen konnte ich kaum etwas.

»Nein, es ist wichtig. Ich habe im Heizungsofen eine Schachtel mit Bildern und Papieren gefunden.«

»Im Heizungsofen?«

»Vielleicht kommst du besser mit und siehst es dir selbst an.«

»Warum machst du nicht das Licht an?«

Er schaltete eine Taschenlampe ein und wartete im Flur, bis ich meinen Morgenmantel und die Pantoffeln angezogen hatte, dann ging er vor mir die Hintertreppe hinunter und durch die Küche. An der Kellertreppe blieb er stehen und ließ mich vorangehen, beleuchtete die Treppe mit der Taschenlampe, statt das Licht einzuschalten. Als ich den Fuß der Treppe erreicht hatte, geschah etwas. Seine Taschenlampe erlosch plötzlich, und ich konnte seine Schritte nicht mehr hinter mir hören.

»Arthur?« fragte ich erschrocken. Aber ich bekam keine Antwort.

Ich wollte die Treppe wieder hinauflaufen und das Licht anschalten, aber ich spürte, daß etwas oder jemand dort oben in der Dunkelheit über mir zusammengeduckt lauerte. Ich unterdrückte einen Schrei des Entsetzens und schlich tiefer in den Keller hinein.

Ist Ihnen jemals aufgefallen, wie fremd und unheimlich vertraute Orte und Gegenstände in der Dunkelheit scheinen? Ich stieß gegen Waschbottiche, die an den unmöglichsten Stellen an die Wand gelehnt standen, und die Rohre der Heizung griffen lautlos nach unten, um über mein Haar zu streichen.

»Arthur?« rief ich erneut. Und plötzlich hörte ich jemanden in meiner Nähe, hinter mir. Ich wollte mich umdrehen, aber da legte sich auch schon eine schwere Hand auf meinen Mund und zog meinen Kopf gegen eine sich hebende und senkende Brust zurück. Ich kratzte und schlug verzweifelt nach dem Arm, der mich hielt, aber vergeblich. Ein eisiges Gefühl der Verzweiflung überwältigte mich, und unfähig, einen Schrei auszustoßen, wartete ich eine halbe Ewigkeit, wie es mir schien, auf den Stoß des Messers, das mir in die Kehle fahren würde. In meinem Kopf drehte sich alles. Ich glaubte, von oben ein Hämmern zu hören, gefolgt von einem Krachen. Irgendwo leuchtete ein Licht auf. Ich wurde zurück in die Dunkelheit gerissen, und dann, als meine Nerven die Spannung nicht mehr ertragen konnten, brach eine fürchterliche Explosion über mich herein, und ich versank in gnädige Bewußtlosigkeit.

Viele Stunden später wachte ich in einem Krankenhauszimmer wieder auf. Mein Kopf war bandagiert, und eine Krankenschwester in gestärkter, weißer Uniform saß am Fenster und las in einem Buch. Sie hob den Kopf, als ich mich bewegte. Dann fiel ich wieder in Schlaf.

Es war fast dunkel, als ich zum zweiten Mal aufwachte, und das erste Gesicht, das ich sah, war das von Inspektor Franklin. Er saß auf einem Stuhl neben meinem Bett, die Ellbogen auf die Knie gestützt. »Wie geht es Ihnen, Mrs. Byers?« fragte er mit einer Besorgnis, die mir für einen Polizeibeamten etwas übertrieben vorkam.

»Der Kopf tut mir weh«, sagte ich mit einer Stimme, die belegt und wie betrunken klang. »Wo ist Arthur?«

»Ihr Neffe«, sagte er, und wappnete sich sichtlich für das, was er mir sagen mußte, »ist den Heldentod gestorben.«

»Arthur ist tot?« Ich versuchte, mich aufzusetzen, sank aber wieder in die Kissen zurück, als hätte mich jemand gestoßen.

»Erregen Sie sich nicht unnötig, Mrs. Byers. Arthur ist, soweit wir das noch feststellen konnten, schon seit fast einem Jahr tot. Wir nehmen an, daß er in der Nähe von Verdun im feindlichen Feuer umgekommen ist. Der junge Mann, den Sie seit September in Ihrem Haus aufgenommen haben, ist ein Betrüger namens Charles Lawrence Beale.«

»Aber das ist doch unmöglich! Ich kenne Arthur von Kindheit an. Es muß ein Mißverständnis vorliegen.«

»Fingerabdrücke lügen nicht, Mrs. Byers. Und ich kann Ihnen versichern, daß wir keinen Fehler gemacht haben. Soviel ich weiß, hatten Sie Ihren Neffen seit ungefähr sieben Jahren nicht mehr gesehen, als Charles Beale in Ihr Haus kam.«

»Seit mindestens sieben Jahren. Meine Schwester lebte in Des Moines, und sie konnten es sich nicht leisten, oft zu verreisen.«

»Da haben Sie es. Alle Unterschiede zwischen Arthur Sims und Charles Beale hätten Sie ganz logisch der Tatsache zugeschrieben, daß Ihr Neffe von einem Jungen zum Mann geworden war, und dazu noch geprägt von seinen Erfahrungen im Krieg.«

»Aber es gab keine Unterschiede. Haben Sie Fotos von meinem Neffen gesehen?«

»Ja, mehrere, und ich stimme Ihnen zu, daß eine verblüffende Ähnlichkeit besteht. Und genau das scheint Beale auf die Idee gebracht zu haben, den Platz mit Arthur Sims zu tauschen.«

»Den Platz zu tauschen? Aber aus welchem Grund denn?«

»Aus zwei Gründen. Erstens sollte Charles Beale vor ein Kriegsgericht gestellt und mit hoher Wahrscheinlichkeit für ein Verbrechen hingerichtet werden, das uns im Augenblick nicht interessieren muß. Zweitens wußte er, daß Arthur Sims eine reiche, kinderlose Tante hatte.«

»Wollen Sie damit sagen, daß dieser Charles Beale Arthur getötet hat?«

»Nein. Er hat zugegeben, Alice Weldon und Jessica Frazer getötet zu haben, aber er beharrt darauf, daß Arthur in einem Gefecht gefallen ist. Beale und Ihr Neffe waren zusammen auf der Funktechnikerschule, wo die Offiziere die beiden ständig verwechselten. Dann kamen sie zusammen an die Front, und dort erfuhr Arthur, daß seine Eltern beide gestorben waren. Irgendwann erzählte er Charles Beale dann von seiner reichen, verwitweten, kinderlosen Tante Vi und ihrem Mahagonischrank mit dem Geheimfach, in dem wichtige Papiere und viel Geld lagen.«

»Geld? Es liegt schon seit Jahren kein Geld mehr drin.«

»Es waren die Papiere, hinter denen er her war, um seine Identität zu beweisen und Ihr Erbe antreten zu können, wenn Sie –«

»Fahren Sie fort, Inspektor. Sagen Sie es. Wenn er mich getötet hätte.«

»Beale behauptet, der Gedanke, sich als Arthur auszugeben, sei ihm erst gekommen, als Arthur tot war. Er hatte große Schwierigkeiten und fürchtete, falls er nicht von einer Granate getötet werden sollte, würde er vor einem Erschießungskommando enden. Dann wurde fast seine gesamte Division bei einem nächtlichen Gefecht ausgelöscht. Er vertauschte Arthurs Papiere und Marke mit seinen und verbrannte seine Hände, um eine Identifizierung zu verhindern. Aber die Leiche wurde nie gefunden, und es war Beale, der als vermißt gemeldet wurde. In der Zwischenzeit nahm er unter Leuten, die Arthur höchstens flüchtig gekannt hatten, dessen Identität an. Später dann erinnerte er sich an Sie und das Geheimfach im Schrank. Nachdem er als Arthur Sims aus der Armee entlassen worden war, setzte er sich mit Ihnen in Verbindung. Den Rest kennen Sie ja.«

Ich lag ganz still da und versuchte, das alles zu verdauen. Der Inspektor rutschte unruhig auf seinem Stuhl herum, und ich wußte, daß er sich nach einer Zigarette sehnte, sich das Rauchen aber selbst nicht erlaubte.

»Ich hätte nie gedacht, daß Arthur wußte, wie man das Geheimfach öffnet«, sagte ich nach einer Weile.

»Offensichtlich wußte er es nicht. Es dauerte mehrere Monate, bis Beale eine Möglichkeit entdeckte, nachts ins Atelier zu gelangen. Das falsche Fenster fand er erst vor kurzem, als er die Sturmläden abmontierte. Aber in der ersten Nacht, in der er sich durch das Fenster ins Atelier schlich, bekam er das Fach nicht auf. Beim zweiten Mal nahm er sein Bajonett mit, um es aufzubrechen, ohne zu ahnen, daß Alice Weldon sich im Zimmer befand. Sie wachte auf und überraschte ihn bei seiner Arbeit, und mit dem Instinkt eines Soldaten packte er sie, schleppte sie hinaus in den Garten und – Sie wissen ja, was er dann tat.«

»Als er am nächsten Tag feststellte, daß sein Bajonett fehlte, glaubte er zuerst, die Polizei hätte es. Aber als immer mehr Zeit verging, ohne daß er deswegen verhört oder gar verhaftet wurde, wußte er, daß wir das Bajonett nicht haben konnten. Es war das Steinchen des Puzzles, das mir fehlte, erinnern Sie sich noch? Dann sagte wohl Jessie Frazer irgend etwas, das ihn glauben machte, sie sei eine Gefahr für ihn. Sie hatte Dinge gesehen und gehört, und er glaubte, es sei nur noch eine Frage der Zeit, bis sie seine Schuld erkannte. Er glaubte sogar, sie sei es, die sein Bajonett hatte.«

»Wenn er gewußt hätte, daß sie bereits zur Polizei gegangen war, hätte er sie vielleicht in Ruhe gelassen. Aber sie sagte niemandem im Haus etwas davon, und er tötete sie. Er überredete sie dazu, ihn mitten in der Nacht ins Haus zu lassen, weil er, wie er sagte, eine wichtige neue Entwicklung mit ihr besprechen wollte. Das fiel ihm nicht schwer. Beale sagt, sie hätte ein Auge auf ihn geworfen gehabt –«

»Ich bin sicher, daß ihre Gefühle für ihn rein mütterlicher Natur waren.«

»Wie auch immer, jedenfalls bezahlte sie dafür mit ihrem Leben. Er versuchte, sie dazu zu bringen, über ihren Verdacht zu reden, aber sie wollte nicht. Das überzeugte ihn davon, daß sie ihn verdächtigte, und er tötete sie mit der Zyanidspritze, die er schon vorbereitet hatte.«

»Woher hatte er das Gift und die Spritze?«

»Aus einem Labor im College. Nachdem er Jessie umgebracht hatte, durchsuchte er ihr Zimmer. Dann machte er sich wieder am Schrank zu schaffen, bekam ihn auf und leerte das Geheimfach. Er verriegelte die Türen und verschwand durch das falsche Fenster, wobei er hoffte, daß wir zu dem Schluß kommen würden, Jessica Frazer hätte sich entweder selbst das Leben genommen, oder aber der Mörder sei eine der Hausbewohnerinnen.«

»Natürlich war es ein Schock für ihn, als er auch das Bajonett im

Geheimfach des Schrankes fand, denn das bewies, daß Sie die größte Gefahr für seine Sicherheit waren, und er veränderte seinen Plan und verlegte das Datum Ihres Todes auf die Gegenwart.«

»Das Datum meines Todes«, wiederholte ich mit einem Seufzer. »Das wäre es auch fast gewesen. Wer hat mich eigentlich gerettet? Ich scheine mich daran zu erinnern, daß jemand die Kellertreppe herunterstampfte –«

»Es war Dr. Meltons Warnung, die Ihnen das Leben rettete – und die Tatsache, daß wir an dem falschen Fenster frische Fingerabdrücke eines Mannes fanden, der angeblich im Krieg gefallen war. Danach reimten wir uns alles ziemlich schnell zusammen und kamen noch mitten in der Nacht mit einem Haftbefehl für Beale zum Haus. Aber er war nicht da. Wir brachen in seine Wohnung ein und fanden die Familiendokumente, die er aus dem Schrank gestohlen hatte. Zu dem Zeitpunkt ahnten wir noch nicht, daß er sich im Haus befand. Doch dann trafen wir den Doktor in der Gasse, der sich große Sorgen um Ihre Sicherheit machte, und als wir unsere Notizen verglichen und er uns sagte, daß ›Arthur‹ ins Haus umgezogen sei, verschwendeten wir keine Zeit mehr.«

»Dann waren also Sie es, der mich rettete?«

Sein kleiner Finger zuckte an sein Ohr. »Der Doktor, ein paar Polizisten und ich.«

Ich berührte meinen bandagierten, schmerzenden Kopf mit vorsichtigen Fingern. »Und was ist dann passiert?«

»Ich fürchte, daß ich allein die Schuld an Ihrer Verletzung trage«, sagte er. »Als wir in den Keller stürzten, hatte Beale das Bajonett schon an Ihrem Hals. Es blieb keine Zeit für Diskussionen, und das Licht war schlecht. Also riß ich ein Waschbrett von der Wand und schlug nach ihm, und –«

»Und verfehlte.«

»Aber nein, ich habe ihn nicht verfehlt. Beale hat mehr als dreißig Stiche am Kopf, Sie nur sieben.«

»Herzlichen Dank«, sagte ich, und dann schwiegen wir beide, während die Schatten im Zimmer immer dichter wurden. Eine Krankenschwester kam herein, nahm meine Temperatur und meinen Puls und stellte mir eine Reihe banaler Fragen, wie sie nur Krankenschwestern einfallen können. Aber wenigstens verjagte sie meinen Besucher nicht.

»Arthur ist also doch nicht zurückgekommen«, sagte ich schließlich nachdenklich. »Wahrscheinlich war er nicht sehr geschickt im Umgang mit einem Gewehr – oder einem Bajonett. Manchmal könnte man Angst bekommen, wenn man bedenkt, welche Leute einen Krieg überleben, Inspektor.«

»Mein Sohn«, sagte er mit tödlich ruhiger Stimme, »ist in den Ardennen begraben.«

»Das tut mir leid. Es ist auch nicht an uns, die Frage nach der Schuld zu stellen, aber man möchte doch verstehen. Was hat es nur zu bedeuten, all dieses Töten? Und wann wird es enden?«

»Das weiß der Himmel, Mrs. Byers«, antwortete er fast mit einem Schauder. »Ich jedenfalls weiß es nicht.«

Originaltitel: THE MAHOGANY WARDROBE, 11/85
Übersetzt von Brigitte Walitzek

James A. Noble

Unfall in den Bergen

»Ich hoffe, der Leser wird uns verzeihen«, hob Thatch an. »Winnie und ich sollten genau jetzt mit dieser Geschichte anfangen. Leider hat Winnie sich verspätet, und ich habe nicht die geringste Ahnung, wo... Moment mal.« Thatch drehte sich um und horchte. »Ich glaube, ich höre jemanden kommen. Vielleicht ist sie das.«

»Thatch«, rief Winnie aus dem Flur. »Ich brauche deine Hilfe.«

»Entschuldigen Sie mich«, sagte Thatch und stand auf, um ihr Beistand zu leisten. Winnie stand, oder vielmehr lehnte, auf Krücken gestützt an der Tür. Ihr linker Knöchel war bandagiert, und in der Hand trug sie ihre Tasche und einen triefnassen, ehemals hochhackigen Schuh ohne Absatz.

»Was, um alles in der Welt...?« begann Thatch.

»Erklärung später, Hilfe jetzt«, unterbrach Winnie.

Thatch nahm ihre Tasche und den beschädigten Schuh und half Winnie vorsichtig zu ihrem Sessel. Er schob einen Schemel heran und legte ihren bandagierten Knöchel behutsam darauf.

»Er ist doch nicht etwa gebrochen?« fragte Thatch mit besorgtem Gesicht.

»Nur böse verrenkt, Schatz. Dr. Morley hat ihn geröntgt und mich dann nach Hause gefahren. Aber sieh dir nur meinen Schuh an. Er ist ruiniert.«

»Du hast ja noch einen rechten, der in Ordnung ist«, sagte Thatch und versuchte, die Sache ins Scherzhafte zu ziehen. »Damit kannst du noch ein paar gefährliche Linkskurven drehen.«

Es funktionierte nicht.

»Im Ernst, Thatch. Das sind meine besten Schuhe. Glaubst du, daß du ihn noch retten kannst? Den Absatz habe ich hier«, sagte sie, griff in ihre Tasche und reichte ihn ihm.

Thatch sah ihn sich an. »Er ist glatt abgebrochen. Ich denke, der Schuster wird keine Schwierigkeiten haben, ihn wieder am Schuh zu befestigen.«

»Aber das Leder wird reißen, wenn er trocknet.«

»Das werden wir gleich haben.« Thatch ging zu seinem Schreibtisch und holte eine kleine Dose und einen Lappen hervor. »Sattelfett. Das beste, was es dafür gibt.«

»Thatch, du bist ein wahrer Helfer in der Not.«

»So, nachdem das also geregelt ist, würdest du mir bitte erzählen, was passiert ist?« fragte Thatch und rieb den Schuh mit Sattelfett ein.

»Ich war oben, in Calvin Husketts Bergsitz, um nach Hinweisen zu suchen. Er wurde bei einem angeblichen Unfall getötet.«

»Nun, dann ist es kein Wunder, daß du dir den Knöchel verletzt hast. Wie kann man nur mit hohen Absätzen in dieser unwirtlichen Gegend herumstaksen? Ich hätte dich für klüger gehalten.«

Das fachte Winnies Zorn an. »Bitte nimm zur Kenntnis, daß ich nicht in den Bergen herumgekraxelt bin. Das Anwesen der Husketts läßt sich kaum als Blockhaus im Wald bezeichnen.«

»Um es genau zu sagen, habe ich mir den Knöchel umgeknickt, als ich den Fahrweg zur Klippe hinunterging. Ich bin in eines von diesen Löchern getreten ... wie nennt man sie noch?«

»Ein Kanalloch?«

»Nein, nein. Ich meine diese Löcher, über die du immer wie ein Feldwebel fluchst, wenn du mit dem Auto darüberfährst.«

»Ach so«, meinte Thatch lachend. »Du meinst ein Schlagloch.«

»Das ist es.«

»Aber warum bist du zu dieser Klippe gegangen?«

»Weil Calvin Huskett dort ums Leben gekommen ist. Aber laß mich der Reihe nach erzählen. Eins muß ich dir sofort sagen: Ich bin noch nicht hinter das Geheimnis gekommen. Ich werde jede Hilfe brauchen, die du mir bieten kannst, besonders, da ein Auto im Spiel ist. Du weißt, wie wenig ich von Autos verstehe.«

»Zu Ihren Diensten«, antwortete Thatch und stellte den blankgeputzten Schuh auf den Boden.

»Calvin war Witwer«, begann Winnie. »Da er keine Kinder hatte, plante er, seinen gesamten Besitz seinem Lieblingsneffen Julius Barker zu hinterlassen.«

»Calvin hatte etwas gegen Julius' wilden und ziemlich kostspieligen Lebenswandel und beschloß, sich mit dem jungen Mann zu treffen und alles zu besprechen. Von Mann zu Mann, weißt du. Offenbar hoffte er, Julius dazu überreden zu können, seßhaft und ein bißchen verantwortungsbewußter zu werden.«

»Normalerweise wohnt Calvin in seinem Penthaus in der Stadt und fährt erst im Spätsommer zu seinem Bergsitz. Da er aber ungestört mit Julius reden wollte, und der Frühling bisher so mild war, entschied sich Calvin, das Anwesen in den Bergen zu benutzen. Da das Ganze nur wenige Tage dauern würde, ließ Calvin die Hausangestellten in der Stadt. Doch er schickte seine Köchin los, um die Regale mit den nötigsten Vorräten aufzufüllen und Lebensmittel aus der Tiefkühltruhe zu nehmen, damit sie etwas zu essen haben würden.«

»Als Calvin und Julius gestern eintrafen, fuhr die Köchin in die Stadt zurück und ließ die beiden Männer, wie geplant, sich selbst versorgen. Am Tag darauf, also heute, ging den beiden der Schnaps aus, und Julius fuhr mit seinem Wagen zu einem Gemischtwarenladen, der etwa eine halbe Stunde vom Haus entfernt liegt. Er kam um halb zwei dort an. Der Ladenbesitzer ist sich dessen sicher, weil Julius ihn fragte, wie spät es sei.«

»Nachdem er eingekauft hatte, was er brauchte, machte Julius einen Abstecher in die kleine Bar im Hinterzimmer des Ladens, wo die Einheimischen verkehren. Er spielte Billard mit einem der Männer dort und vergaß völlig, wie spät es war. Um genau Viertel vor drei, während Julius bei seiner zweiten Partie Billard war, beobachteten mehrere Leute von einem Aussichtspunkt an der Straße aus, wie Calvin Husketts Auto auf einem besonders gefährlichen Abschnitt des Fahrwegs, der zu dem Anwesen führt, eine scharfe Linkskurve verpaßte und etwa zehn Meter vom Straßenrand geradeaus über eine hohe Klippe fuhr. Einige der Zeugen beschrieben eindeutig Calvin als den Mann hinter dem Steuer.«

»Mit Hilfe ihrer CB-Funkgeräte riefen sie die Polizei, die wegen der Abgeschiedenheit der Gegend erst nach fast einer Stunde eintraf. Es war fast sechs Uhr, als der Wagen und die Leiche von Calvin Huskett aus der Schlucht geborgen wurden. Das war auch in etwa die Zeit, zu der sie Julius beim Billard in der Bar aufspürten.«

»Gegen acht Uhr erhielt ich Kenntnis vom vorläufigen Untersuchungsbericht des Leichenbeschauers. Er hatte die Todeszeit auf drei Uhr festgesetzt, mit einer halben Stunde Spielraum. Das bedeutete, daß Calvin etwa zur Zeit des Unfalls gestorben war.«

»Todesursache war ein Schädelbruch, vermutlich dadurch hervorgerufen, daß der Wagen am Fuß der Klippe auf dem Dach gelandet war.«

»Einen Moment mal«, unterbrach Thatch. »Wie hast du Einblick in den Bericht des Leichenbeschauers bekommen? Und was hattest du eigentlich beim Anwesen der Husketts zu suchen?«

»Nun, Dr. Morley ist zufällig Leichenbeschauer für diese Gegend, und da ich in seiner Praxis war, um ihn nach meinem Knöchel schauen zu lassen, konnte ich nicht umhin, seinen Bericht zu sehen.«

Thatch musterte Winnie mißtrauisch. »Du konntest also nicht umhin, soso.«

»Er lag direkt vor mir. Ich konnte ihn einfach nicht übersehen.«

»Auf seinem Schreibtisch?«

»Um genau zu sein . . . lag er in einem Schnellhefter.«

»Und wo?« drängte Thatch.
»In seinem Aktenschrank.«
Thatch konnte nur den Kopf schütteln. »Beantworte meine andere Frage. Was hattest du beim Haus der Husketts zu suchen?«
»Ich habe die Polizei auf ein paar merkwürdige Umstände hingewiesen, und die Leute waren so beeindruckt, daß sie mich gebeten haben, ihnen bei der Untersuchung des Falles behilflich zu sein. Ich stehe in dem Ruf, auf Einzelheiten zu achten.«
»Ich glaube, so etwas nennt man Neugier ...« Thatch hielt sich noch gerade rechtzeitig zurück, um unangenehme Folgen zu vermeiden. »Welcher Art waren denn die Einzelheiten, die dir aufgefallen sind?«
»Nun, da waren zunächst einmal die Reifenspuren und die Aussagen der Zeugen. Mehrere von ihnen gaben an, daß Calvin den Wagen geradeaus den Fahrweg hinunter und über die Klippe gesteuert habe. Er machte nicht den geringsten Versuch, die scharfe Linkskurve zu nehmen. Die Reifenspuren in der lockeren Erde direkt neben der Straße bestätigten das.«
»Doch nicht nur das. Es waren auch keine Schleifspuren vorhanden, die angezeigt hätten, daß die Bremsen überhaupt betätigt worden waren.«
Thatch strich sich nachdenklich über das Kinn. »Das läßt vermuten, daß an dem Auto herumgebastelt worden sein könnte.«
»Das dachte ich auch«, sagte Winnie. »Aber es stellte sich heraus, daß ich unrecht hatte, als der Wagen aus der Schlucht gezogen wurde. Er war auf dem Dach und auf dem hinteren Teil des Kofferraums gelandet, so daß er noch ziemlich weitgehend in Ordnung war. Steuer- und Bremssystem funktionierten beide noch tadellos. Sieh mal, was ich im Handschuhfach gefunden habe.« Winnie griff in ihre Handtasche und holte mehrere gelbe Zettel hervor, die sie Thatch reichte.
»Quittungen einer Autoreparaturwerkstatt«, bemerkte Thatch. »Und einer sehr renommierten dazu. Dieser langen Liste nach zu urteilen, würde ich sagen, daß der Wagen sorgfältig durchgesehen und gewartet worden ist. Ölwechsel, Bremsen, Spureinstellung, Heizung und Klimaanlage ... Er ist sogar gewaschen und mit Wachs behandelt worden.«
»Und sieh mal, wer den Auftrag unterschrieben hat«, sagte Winnie.
»Julius Barker. Und das erst vor drei Tagen.«
»Richtig. Ich habe Julius danach gefragt. Er behauptet, er habe den Wagen gründlich durchsehen lassen, weil sein Onkel das gute Stück so schrecklich vernachlässigte.«
»War das so üblich, daß Julius sich um den Wagen seines Onkels

kümmerte?«

Winnie schüttelte den Kopf. »Anscheinend nicht. Das ist das einzige Mal, von dem ich mit Bestimmtheit weiß.«

Thatch legte die Zettel auf den Couchtisch. »Wenn der Wagen in gutem Zustand war, wieso konnte Calvin dann den Unfall nicht abwenden?«

»Ich glaube, Calvin Huskett war bereits tot, als der Wagen über die Klippe fuhr«, sagte Winnie und griff nach dem Strickzeug neben ihrem Sessel. »Jemand könnte ihm den Schädel eingeschlagen, seine Leiche in den Wagen gesetzt, ihn die Zufahrt hinunter auf die scharfe Kurve und die Klippe gerichtet und dann in Gang gebracht haben. Die Straße fällt zur Klippe hinab, weißt du.«

»Dieser Jemand war sicherlich nicht Julius Barker«, sagte Thatch. »Er war in diesem Laden und in der Bar, bevor der Wagen über die Klippe fuhr. Mehrere Leute haben ihn dort gesehen.«

»Ich weiß«, seufzte Winnie. »Aber er hat es getan. Dessen bin ich sicher. Er ist der einzige, der vom Tod seines Onkels profitiert. Ich verstehe nur nicht ganz, wie er es angestellt hat.«

»Du hast also ein paar Theorien ausgearbeitet?«

»Na ja, bestenfalls sehr schwache. Ich habe Husketts Köchin kommen lassen, um sich den Inhalt der Tiefkühltruhe anzusehen. Ich vermutete etwas, als ich feststellte, daß ein paar tiefgekühlte Lebensmittel wahllos durcheinanderlagen, obwohl die meisten Sachen in der Truhe säuberlich geordnet waren. Die Köchin bestätigte mir, daß sie den Inhalt immer gut geordnet hielt, und daß jemand ein paar Sachen umgeräumt hatte.«

»Allerdings eine sehr schwache Theorie. Calvin oder Julius mochten vielleicht nicht, was die Köchin ihnen vorher herausgelegt hatte, und haben einfach etwas anderes gesucht, um es zum Essen aufzutauen. War der freie Raum in der Truhe groß genug für eine Leiche?« fragte Thatch.

»Ja.«

Thatch nickte verständnisinnig. »Jetzt weiß ich, worauf du hinauswillst. Du versuchst herauszufinden, wieso der Leichenbeschauer den Tod auf einen Zeitpunkt volle anderthalb Stunden oder mehr nach Julius' Fortgehen festlegen konnte. Du hast die Gefriertruhe untersucht, weil du dachtest, Julius hätte die Leiche hineingelegt, um sie gut durchzukühlen, bevor er sie hinter das Steuer des Wagens klemmte. Nachdem er fortgegangen war, verstrich einige Zeit, bis die Temperatur der Leiche sich wieder der umgebenden Luft angeglichen hatte. Die Verwesung wäre dadurch genügend verzögert worden, um den

Leichenbeschauer davon zu überzeugen, daß Calvin gestorben sei, nachdem Julius fort war.«

»Nun, was hältst du davon?«

»Ich schlage vor, du versuchst es noch einmal. Hast du noch andere Ideen?«

»Ja, in der Tat«, antwortete Winnie. »Ist dir aufgefallen, wie ungewöhnlich mild für die Jahreszeit das Wetter seit kurzem ist?«

Thatch lachte laut und schlug sich auf die Knie. »Du ziehst es also vor, über das Wetter zu reden? Mit diesem Fall wirst du wohl nicht fertig, wie?«

»Beantworte bitte meine Frage.«

»Schon gut«, sagte Thatch, noch immer lachend. »Ja, es war mild. Um genau zu sein, das Wetter war schön. Klarer Himmel, kühl und sonnig – ein nahezu perfektes Wetter.«

»Sowohl in der Stadt als auch in den Bergen, richtig?«

»Ja«, stimmte Thatch zu.

»Ich habe zufällig bemerkt, daß die Klimaanlage in Mr. Husketts Wagen voll aufgedreht war, ehe sie durch den Unfall stehenblieb. Warum sollte Calvin die Klimaanlage eingeschaltet haben, wo wir doch seit dem Frühherbst keinen warmen Tag mehr hatten?«

»Etwas könnte den Knopf der Klimaanlage getroffen haben, als der Wagen am Fuß der Klippe aufschlug«, wandte Thatch ein.

Winnie lächelte sanft. »Jetzt bist du an der Reihe, es noch einmal zu versuchen. Der Temperaturwähler stand auf ›Kalt‹, der Ventilator auf höchster Stufe, und alle Fenster waren hochgekurbelt. Das kann unmöglich alles der Aufprall bewirkt haben.«

»Ich dachte, der Wagen sei auf dem Dach gelandet? Dann müßten doch alle Fenster herausgeflogen sein. Woher weißt du, daß sie geschlossen waren?«

»Du meine Güte, Thatch. Ich glaube, dein Gehirn läßt dich im Stich. Ich habe natürlich die Fensterkurbeln überprüft.«

»Ach ja . . . natürlich.«

»Wie du selbst bemerkt hast«, fuhr Winnie fort, »war das Wetter recht kühl. Bei voll aufgedrehter Klimaanlage muß es in dem geschlossenen Wagen ziemlich kalt geworden sein. Kalt genug, um die Verwesung der Leiche zu verzögern und den Leichenbeschauer glauben zu machen, Calvin sei in dem Wrack gestorben, nachdem Julius fort war.«

»Es besteht also auch die Möglichkeit, daß Julius Calvins Leiche in den Wagen setzte und die Klimaanlage andrehte, ehe er fortging.« Thatch hob die gelben Reparaturzettel vom Couchtisch auf.

»Bist du auf etwas gestoßen?« fragte Winnie.

»Ja. Julius hatte die Durchsicht der Klimaanlage ganz oben auf die Liste der durchzuführenden Wartungsarbeiten gesetzt.« Thatch machte eine Pause, um nachzudenken. »Du hast nicht zufällig überprüft, ob der Motor warm war, als das Auto aus der Schlucht gezogen wurde?«

»Doch, das habe ich«, sagte Winnie, die merkte, daß Thatch etwas Bestimmtes im Sinn hatte. »Er war ganz warm.«

»Und das war mehrere Stunden nach dem Unfall«, sagte Thatch. »Wäre Calvin einfach in seinen Wagen gestiegen, hätte ihn angelassen und über die Klippe gefahren, dann hätte der Motor überhaupt keine Zeit gehabt, warm zu werden. Um Stunden später noch warm zu sein, muß er eine ganze Weile gelaufen sein, ehe der Wagen über die Klippe fuhr. Winnie, ich glaube, wir sind da einer Sache auf der Spur.«

»Na bitte, Thatch, du alter Teufelskerl. Ein beachtliches Stück Logik.«

Er seufzte tief. »Da ist nur ein Problem. Wie hat Julius den Wagen über die Klippe gesteuert, wenn er meilenweit entfernt in der Bar war?«

Winnie rutschte unbehaglich in ihrem Sessel hin und her.

»War ein Gang eingelegt, als du dir das Wrack angesehen hast?« fragte Thatch.

»Ein Gang eingelegt?« meinte Winnie und brachte ihr verletztes Bein in eine bequemere Lage auf dem Schemel.

»Ich meine den Schalthebel.«

»Ach ja. Der stand auf ›D‹.«

»Hmmm, ein automatisches Getriebe«, murmelte Thatch.

»Was bitte, Schatz?« fragte Winnie und rückte den Schemel noch ein bißchen zurecht.

»Ach, nichts. Tut dir der Knöchel weh?«

»Leider ja. Ich frage mich, ob ich nicht . . .« Winnie verstummte plötzlich.

Thatch schaute zu ihr hinüber. Offenbar war ihr etwas eingefallen.

»Winnie? . . . Was ist los?«

»Ich habe es raus. Ich weiß, wie Julius seinen Onkel getötet hat. Die Antwort liegt direkt vor unserer Nase«, sagte sie aufgeregt.

»Wirklich?«

»Ja. Mein Schuh.«

»Dein Schuh?« Thatch hob den kaputten Schuh vom Boden auf. »Ich verstehe nicht.«

»Denk doch mal nach, Thatch. Wie ist mein Schuh so naß geworden?«

»Das hast du doch bereits erklärt. Du bist in ein Schlagloch getreten und hast dir dabei den Knöchel verrenkt. Offenbar war das Schlagloch voll Wasser.«

»Aber wir waren uns beide darüber einig, daß das Wetter seit mehreren Tagen mild und klar war. Das heißt, es hat nicht geregnet. Wie ist also das Wasser in das Schlagloch gekommen?«

Thatch öffnete seinen Mund, um etwas zu sagen, aber dann schloß er ihn schnell wieder.

»Verstehst du denn nicht?« meinte Winnie. »Das erklärt doch alles. Jetzt begreife ich, warum Julius seinen Onkel erst am zweiten Tag getötet hat, anstatt am ersten, warum der Inhalt der Tiefkühltruhe durcheinandergeworfen war, und vor allem, wie das Wasser in das Schlagloch gekommen ist.«

»Na schön, ich begreife es aber nicht.«

»Julius hat tatsächlich etwas in die Truhe gelegt, aber er wollte keine Leiche kühlen. Er hat einen Eisblock gemacht.«

»Einen Eisblock?«

»Na ja, vielleicht nicht direkt einen Block, aber irgendein großes Stück Eis, vielleicht in einem Eimer oder in einer kleinen Mülltonne. Er mußte einen Tag warten, bis das Eis fest gefroren war.«

»Wozu, um alles in der Welt, brauchte er das denn?«

»Julius ermordete seinen Onkel und setzte dessen Leiche hinter das Lenkrad, nachdem er den Wagen an den Abhang auf dem Weg zur Klippe gestellt hatte. Den Eisblock benutzte er als Bremskeil unter einem der Räder des Autos. Dann drehte er die Klimaanlage auf, ließ den Motor an und schaltete den Ganghebel auf ›D‹. Mit dem blockierten Rad konnte der Wagen sich nicht bewegen. Danach nahm er sein eigenes Auto und fuhr zu dem Laden, um sich ein Alibi zu verschaffen.«

Thatch war nicht ganz überzeugt. »Ein Wagen mit eingelegtem Gang, dazu an einem Abhang, würde einen Eisblock mühelos zur Seite schieben.«

»Nicht, wenn der Eisblock vor dem Reifen in ein Schlagloch geklemmt ist«, meinte Winnie. »Aber laß mich weiterreden.«

»Anderthalb Stunden nachdem Julius weggefahren war, war das Eis weit genug geschmolzen, daß der Reifen darüber hinwegrollen konnte und der Wagen freikam. Und was sehen die Zeugen an dem Aussichtspunkt neben der Straße? Calvin Huskett, der eiskalt seinen Wagen geradeaus über die Klippe steuert.«

»Gut gemacht, Schatz«, rief Thatch anerkennend. »Jetzt verstehe ich auch, wieso der Motor noch Stunden nach dem Unfall so warm war. Mit eingeschalteter Klimaanlage und eingelegtem Gang muß der Motor im Stand glühend heiß geworden sein.«

Winnie sah Thatch verwirrt an. »Ich dachte, eine Klimaanlage sei zum Kühlen da. Wie kann der Motor dann überhitzen?«

Thatch seufzte. »Weißt du, Schatz, der Motor muß einen Kompressor antreiben, das heißt, wenn die Kupplung . . . ach, ist ja egal«, sagte Thatch, der einsah, daß er im Begriff war, sich auf einen aussichtslosen Kampf einzulassen. »Erinnere mich irgendwann einmal daran, daß ich dir erkläre, wie ein Auto funktioniert.«

Winnie wandte sich wieder ihrem Strickzeug zu. »Das wird bestimmt interessant.«

Thatch schauderte jetzt schon.

Originaltitel: THE MOUNTAIN MISHAP MYSTERY, 12/85
Übersetzt von Wolfgang Proll

F. M. Maupin

Besuch aus Amerika

Gwillam Eyer, achtzehn Jahre alt und sehr wütend auf sich selbst, sah durch die halbzerfallene Tür auf seine ungebetenen Hausgäste, die sich auf seinem Rasen ausgestreckt hatten. Denn es war *sein* Rasen, dachte er aufgebracht, und seine Ruine, und sein Grund und Boden, und übrigens auch sein Geist.

Er wußte, daß die meisten Amerikaner nicht so waren, er wußte es genau. Die meisten Amerikaner fuhren nicht herum und drängten sich ungebeten in englische Häuser. Die hier waren nicht typisch. Es war ein Alptraum, und hier stand er nun, der rückgratlose Dummkopf der er war, und war nicht dazu in der Lage, mit der Situation fertig zu werden. Aber im gleichen Augenblick wußte er auch – seine ledige Höflichkeit gewann wieder die Oberhand –, daß er es nie im Leben über sich bringen würde, ihnen zu sagen, sie müßten nun gehen.

Er würde es nie lernen, mit schwierigen Situationen fertig zu werden. Sie hatten völlig recht: Er fürchtete sich ja sogar vor einem Geist!

»Will-ll-yyy!«

Es überlief ihn kalt, aber das lag nicht an dem unfreundlichen Gewölbe hinter ihm. Er haßte es einfach, wenn sein Name verschandelt wurde.

»Reiß dich zusammen, Eyer«, befahl er sich selbst mit einem flauen Gefühl im Magen. »Du mußt ihnen nur sagen, daß sie gehen müssen. Du hast sie nicht eingeladen, du hast sie nicht gewollt, also warum kannst du ihnen dann nicht sagen, daß sie verschwinden sollen?«

Weil, erinnerte sein eigener Verstand ihn, sie dann sagen werden, daß du nur sauer bist – genau das ist der Ausdruck –, weil du Angst hast, in deine eigene Kirche zu gehen.

Und? Bist du sauer?

Ja, das bin ich.

»Jetzt mal kein Quatsch«, hörte er Bobs aufdringliche Stimme sagen. »Stimmt es, daß ihr Engländer alle an Hexerei glaubt, du weißt schon, an Geister und so? Ich habe da einen Artikel gelesen, einen wissenschaftlichen, und da stand, daß die Hälfte von euch Engländern sich nicht traut, in ihre eigenen Häuser zu gehen, weil es da angeblich spukt. Stimmt das?«

»Selbstverständlich nicht.«

Gwillam stieß einen Fluch aus, also gut, einen in schönstem Hochenglisch, und dann der Gerechtigkeit halber einen auf walisisch.

Aber er fühlte sich danach auch nicht besser.

»Jetzt hör mir mal zu«, sagte er streng zu sich selbst. »Du gehst jetzt einmal durch die Kirche, von vorn bis hinten. Es ist niemand und nichts hier, außer dir selbst. Es gibt nichts, wovor du Angst haben mußt. Du hast doch keine Angst, oder? Und dann gehst du wieder raus und sagst ihnen, daß sie ihre Koffer packen und verschwinden sollen. Ist das klar?«

Es war klar. Und er zitterte.

»Wie konntest du dich nur in so einen Schlamassel bringen?« beschimpfte er sich selbst.

Es war der Ring, der das Ganze ins Rollen brachte.

Er hatte im Zug von Northampton nach hier gesessen, auf dem Weg zurück von seiner Tante – nach dem Tod seiner Mutter gab es immer noch so einiges zu erledigen – und sie waren in Stratford zugestiegen. Sie hatten nicht nur das ganze Abteil sofort mit Beschlag belegt, sondern auch noch in aller Offenheit damit geprahlt, daß ihre Fahrkarten nur zweiter, und nicht erster Klasse waren.

Auf ihre merkwürdig amerikanische Art hatten sie sich unentwegt mit Vornamen angesprochen, und daher war es einfach unmöglich, ihre Namen nicht zu kennen: Bob und Pat, und die Kleinere wurde Honey genannt. Sie gingen auf irgendeine obskure Universität und waren ein Jahr oder so älter als er. Gwillam, der nicht den geringsten Wunsch verspürte, in ihre Unterhaltung hineingezogen zu werden, hatte sich in seine Ecke gedrückt und hinausgestarrt auf die grünen Felder, vor denen sein schmales Gesicht schemenhaft durch die Luft schwebte. Aber genutzt hatte es ihm nichts. Honey hatte sich vorgebeugt, seine Hand ergriffen und den goldenen Ring an seinem Finger berührt.

»Ist der süß!« rief sie. »Ist das ein Schulring?«

Gwillam sah sie verständnislos an. Schule war für ihn die kleine Klasse im Pfarrhaus, die er bis Anfang dieses Jahres besucht hatte. Er zog seine Hand zurück.

»Ich weiß nicht, was Sie meinen.«

Das sorgfältige Englisch klang selbst in seinen eigenen Ohren kalt und unfreundlich, und so fügte er widerwillig hinzu: »Ich bekomme ihn nicht mehr ab. Er ist mir zu klein geworden. Es ist ein Familienring.«

Bob hatte seine allgegenwärtige Zeitung sinken lassen und ihn neugierig angestarrt.

»Bist du ein Herzog oder was?«

Gwillams Gesicht rötete sich vor Verlegenheit. »Nein, ich bin natürlich kein Herzog.«

Die dunkelhaarige Pat richtete sich mit dem unmöglichen Gehabe, das sie sich zugelegt hatte, hoch auf und sagte verträumt: »Wir wollten schon immer ein Mitglied der britischen Oberschicht kennenlernen.«

»Richtig«, warf Bob ein. »Leute, die in einem Schloß leben und den ganzen Kram.«

In einem Schloß leben? Gwillam ertappte sich bei einem Grinsen. Sosehr er die weitgeschwungene Linie der Festungen auch liebte, die die Berge von Wales krönten – und er liebte sie, leidenschaftlich, mit all der ererbten Liebe seiner Vorväter – so hätte er doch kaum darin wohnen wollen. Ein bißchen zugig, nicht wahr, wenn der Regen durch das offene Dach trommelte. Vielleicht meinte er Schottland?

Er sagte: »Wir leben in einem Haus, das im sechzehnten Jahrhundert erbaut wurde. Das heißt, ich lebe da, oder besser gesagt, in dem Teil, den Cromwell nicht bekommen hat. Aber es gibt Ruinen, die noch älter sind, die zurückgehen bis in die Zeit von König Edward. Es gibt noch Überreste einer Abtei, und eine Kapelle. Das heißt, eigentlich ist es eine Kirche, aber sie ist sehr klein, und es geht nie jemand hinein, weil ein Fluch darauf liegt.

Honey hatte so begeistert gequietscht, daß er zusammengezuckt war.

»Ein Fluch? Ehrlich? Mit einem richtigen Geist?«

Und dann hatte Bob das über Gespenster und die Engländer gesagt, und daß die Engländer nicht nur an Gespenster glauben, sondern richtig Angst davor hätten. Er hält uns für Jamaicaner, hatte Gwillam gedacht, nein, Haiter, mit ihrem Vodoo und ihren Stecknadeln, die sie in Püppchen stecken.

»Selbstverständlich nicht.«

»Oh, du bist wundervoll«, hatte Honey gegurrt. »Ich finde, das ist das Aufregendste, was ich je gehört habe. Erzähl doch weiter. Erzähl uns von dem Geist.«

Und natürlich hatte er es getan.

Und jetzt, an diesem strahlenden Sommernachmittag, sah er durch die efeuüberwucherte Tür seiner eigenen zerfallenen Kirche auf den sonnenüberfluteten Rasen, auf dem seine Gäste um die Überreste eines Picknicks herumsaßen. Seine Abneigung gegen sie war so stark, daß es ihn fast erschreckte. War er in Wirklichkeit zornig auf sich selbst? Haßte er sie, oder haßte er sich selbst? Wieso hatte er nur zugelassen, daß sie ihn in diese Lage brachten? Jedenfalls glaubten sie, daß er Angst hatte.

Und? Hatte er Angst?

Ja, er hatte Angst.

Er drehte sich um, blinzelte, weil seine Augen vom hellen Sonnenlicht noch geblendet waren, und spähte in das düstere Innere der Ruine.

Es war eine winzige Kirche, das mußte man zugeben. Sie hätte *in toto* in jeden einigermaßen passablen Salon in Mayfair gepaßt. Und sie war noch ganz in Ordnung, bis auf ein paar fehlende Steine an den Türen. Sie hatte Rundgewölbe, drei davon, die drei parallele Tunnel bildeten, die von den anderen her jeweils nur dann zu sehen waren, wenn man die schmalen Lücken zwischen den dicken Säulen passierte. Die Sonne schien nie herein, denn die runden, abweisend wirkenden Fenster waren schon seit langem von Efeu überwuchert, wie auch die hintere Tür, und wie diese Tür es gewesen war, bevor Bob die Äste abriß und sich die Hände mit dem ekligen Saft verklebte, der aus den Trieben sickerte.

Gwillam sagte laut und ärgerlich: »Ich bin allein. Es ist nichts hier. Ich bin allein.«

»Eh-eh-eh«, hauchte das Gewölbe über seinem Kopf und verstummte wieder.

Allein?

Cato – nein, Cicero – nein, Cato: Was ist das Schlimmste, was passieren könnte? Wenn du das weißt, hast du keine Angst mehr. Also schön, du könntest sterben. In einem leeren Gebäude? Getötet – was denn noch? – von einem Mann, der selbst seit sechshundertfünfzig Jahren tot ist? Wie denn? Gwillams Vater war tot, irgendwo auf der andern Seite des Kanals begraben, und Gwillam, vom Pfarrer erzogen, nahm nicht einmal in seinen kühnsten Träumen an, daß sie sich auf dieser Welt wiederbegegnen würden.

»– war Zeit, das Gehirn zerfetzt, der Mann im Sterben, und dann ein Ende –«

Wie weiter?

»– doch sie erheben sich, zwanzig klaffende Wunden in den Häuptern, um uns von unseren Plätzen zu vertreiben –«

Er hatte also ein gutes Gedächtnis, na und? Jeder Junge im Dorf konnte alle Lieder aus dem Gebetbuch auswendig. Und dann, wie es in dem Stück hieß, ein Ende.

Und dann ein Ende?

Er sah auf die Taschenlampe in seiner Hand. Honey hatte sie ihm in die Hand gedrückt, als sie aus der Kirche gehinkt kam.

»Fast hätte ich mir den Hals gebrochen«, sagte sie. »Du hast Löcher in deiner Kirche. Mein Fuß ist voll durch den Boden gekracht –« Und als sie den Ausdruck seines Gesichts sah, fügte sie hinzu: »Ich schwöre es. Stimmt doch, Pat, oder? Ach so, nein, ihr wart ja schon fort. Jedenfalls bin ich wie der Blitz abgehauen, als der Stein zerbrach. Hier, nimm das mit, Willy. Jetzt bist du an der Reihe, da reinzugehen, außer –« Sie zögerte den Bruchteil einer Sekunde zu lange. »Außer, du hast keine Lust mehr.«

Löcher im Boden. In einem Steinboden? Sie war wohl nur über eine Platte gestolpert, die sich aufgeworfen hatte. Er mußte vorsichtig sein.

Er würde sich die Kirche also wirklich gründlich ansehen. Nicht wahr?

»Wie du gesagt hast«, hatte Bob gebrummt, »hat dieser Geist es vor allem auf dich abgesehen. Für uns wird er natürlich nicht zum Vorschein kommen.«

Gwillam spürte kalte Angst, die sich wie eine nasse Schlange über seinen Brustkorb und seinen Magen legte.

Mit einem Amerikaner redet man über Geld, mit einem Franzosen über seine Geliebte, mit einem Deutschen über seine Theorien und mit einem Engländer über seinen Landsitz. Es klappt immer. Aber wie schafften sie es, eingeladen zu werden? Er hatte genausowenig vorgehabt, sie einzuladen, wie er seine Pächter zum Tee bitten würde.

Und doch waren sie hier.

Er hatte natürlich angefangen, von der Farm zu reden, aber sie wollten mehr über den Geist wissen. Und deshalb – und weil er es liebte, von seinem zu Hause zu sprechen – hatte er ihnen die alte Geschichte erzählt.

»Im Grunde genommen ging es um nichts weiter als um eine Familienangelegenheit«, hatte er gesagt. »Es war ein großer Unterschied, wer der älteste Sohn war. Mein Vorfahr war der jüngere Bruder, und er wünschte seinem älteren Bruder den Tod, damit seine eigenen Söhne erben konnten. Also schloß er seinen Bruder im Turm ein – es sind übrigens noch Reste davon zu sehen – und ließ ihn verhungern.«

»Bis er tot war?«

»O ja, bis er tot war.«

»Und niemand hat deswegen etwas gegen ihn unternommen?« fragte Honey schockiert.

»Nein, niemand. Bis auf den Fluch.«

Und Gwillam hatte erklärt, um was für einen Fluch es sich handelte.

Der sterbende Mann hatte seine Seele an den Teufel verkauft – ging die Geschichte – im Tausch gegen sein Leben.

»Aber du hast doch gesagt, daß er gestorben ist.«

»Ja, er starb – aber er sollte ins Leben zurückkommen dürfen. Er sollte tot bleiben, bis sein Grab wieder geöffnet wurde, und der erste Mann, der seinen Staub erblickte, sollte mit ihm den Platz tauschen müssen, während er wieder lebendig wurde.«

»Was soll das heißen, den Platz tauschen?«

Gwillam genoß die Erzählung, wenn er ehrlich war. Normalerweise fiel es ihm schwer, mit Menschen zu sprechen, die er nicht kannte, aber die gebannte Aufmerksamkeit, die ihm hier zuteil wurde, war sehr schmeichelhaft.

»Ich nehme an, in seinem Grab. Wir dachten immer, daß der Fluch sich auf ein Mitglied unserer Familie bezieht – ihr wißt schon, daß unsere Linie auf diese Weise ausgelöscht werden soll, so wie seine ausgelöscht wurde. Ich glaube, das war der Grundgedanke, der dahintersteckte. Die Kinder aus dem Dorf spielen manchmal in der Kirche – aber wir gehen nie hinein. In die Kirche, in der er begraben wurde, meine ich. Sie ist nicht mehr geweiht. Es ist nur noch eine Ruine.«

»Und du willst damit wirklich sagen«, sagte Bob ungläubig, »daß deine Familie diese Kirche nie betritt, weil alle Angst haben, diesem Spukgespenst zu begegnen?«

»Nun ja, in gewisser Weise schon.«

»Dein Vater ist nie hineingegangen?«

»Nein.«

»Wegen einem Geist? Das nenne ich aber feige.«

Die Röte überzog Gwillams blasse Wangen. Er spürte, wie sein Gesicht brannte. Dann sagte er langsam: »Mein Vater ist im Krieg gefallen, lange bevor die Amerikaner kamen.«

Bob starrte ihn mit offenem Mund an, wie ein Fisch.

Aber Honey streckte die Hand aus und sagte vage: »Oh, es tut mir leid. Wie schrecklich. O Bob, laß uns hinfahren und die Kirche sehen.«

Sie ließ Gwillam völlig aus, als sie sich jetzt zu den anderen umdrehte und lossprudelte: »Ihr wollt mit niemandem, den wir kennenlernen, irgendwo hinfahren, und dabei ist es der wichtigste Teil beim Reisen, Leute kennenzulernen, zu erfahren, wie sie leben und so. Ach los, kommt schon, sagt ja. Wir können doch einfach einen Tag weniger in Edinburgh verbringen.«

Pat sagte kühl: »Ich würde mir gern das Schloß des Duke of Argyle ansehen. Wir sind nämlich verwandt.«

»Also gut«, sagte Bob plötzlich. »Sparen wir uns einen Tag in Edinburgh und die Kathedrale. Himmel, wenn ich mir nur noch eine weitere Kathedrale ansehen muß, fange ich an zu krächzen. Also schön, okay, ein oder zwei Tage, warum eigentlich nicht? Vielleicht können wir dabei ein bißchen Sonne tanken. Ich würde nicht gern so weiß zurückkommen, wie wir im Augenblick aussehen.«

Honey umarmte ihn begeistert. »Du bist ein Schatz. Ich weiß, daß es dir gefallen wird. Du wirst begeistert sein. Denk doch nur, echte Geister und alles.«

Dann drehte sie sich zu einem sprachlosen Gwillam um.

»Nur für ein paar Tage«, sagte sie. »Es wird uns solchen Spaß machen. Ich weiß, daß dein Geist uns gefallen wird. Du bist wirklich süß.«

Es war natürlich nicht so. Es gefiel ihnen überhaupt nicht. Sie hatten sich seinen in samtgrüne Ländereien gebetteten Herrensitz mit jenen ausdruckslosen, herumhuschenden Touristenaugen angesehen und ihn unverzüglich als zweitklassig eingestuft.

»Das nennst du einen Fluß?« fragte Honey verblüfft. »Bei uns zu Hause würden wir so was als einen klitzekleinen Bach bezeichnen.«

Auch das Dorf hatte ihnen nicht gefallen, obwohl er mit ihnen in die Kneipe gegangen war, wo die Dorfjungen, die gerade von einem Fußballspiel zurückkamen, für sich, nicht für die Besucher, so schön gesungen hatten, daß sie auf jeder Bühne des Kontinents ein Erfolg gewesen wären. Gwillam, für den Singen so natürlich war wie Atmen (das Schlimmste an seiner Kindheit war, daß er nicht zum Spielen ins Dorf hatte gehen können), hatte fast andächtig und mit überquellendem Herzen den alten Hymnen zugehört, deren weichfließende Worte alle Kümmernisse der Menschheit enthielten, und war außer sich, als Bob, näselnd und falsch, laut mitgesummt und dazu mit der Hand gewedelt hatte, damit er den Takt nicht verlor.

Wenn sie verständnisvoller gewesen wären, hätte er vielleicht sogar seine Schüchternheit überwunden und ihnen die alten Legenden erzählt, die er so liebte. Auf dem dunklen Berg direkt gegenüber hatte einer der letzten Barden von Wales sich lieber hinunter auf die Felsen gestürzt, als vor einem englischen König die Knie zu beugen, und seine eigene Familie war nur zögernd und unwillig zur Gefolgschaft von Edwards Nachfolgern geworden.

Aber nichts davon interessierte sie. Falls es sie interessiert hätte, hätten sie vielleicht besser verstanden, wieso die Vergangenheit für ihn so real war.

»Ich weiß nicht, wo mein Großvater herkommt«, hatte Bob gesagt. »Vielleicht aus Deutschland. Wir halten diesen ganzen Kram nicht für so wichtig.«

Ich aber, dachte Gwillam aufrührerisch. Für mich ist die Vergangenheit immer noch lebendig.

Tatsächlich?

In welcher Weise?

Sind auch Flüche nach fast siebenhundert Jahren noch lebendig?

»– es verlangt Blut, sagen sie. Blut verlangt Blut. Und man hört, daß selbst Steine sich bewegen können –«

Er hatte gesagt: »Natürlich könnt ihr reingehen, aber ich gehe nicht. Natürlich habe ich keine Angst vor der Kirche. Macht euch nicht lächerlich. Wir gehen nur einfach nie hinein. Das ist alles. Wir tun es eben nicht.«

Aber es war anders gekommen.

Er drehte die Taschenlampe in seiner Hand. Es war ein großes, amerikanisches Modell. Im dunkelsten England mußte man auf alles vorbereitet sein. Er hatte noch nie so zu ihnen gesprochen, aber er würde es tun. Erst einmal durch die Kirche, dann wieder hinaus, und dann würde er es sagen.

»Übrigens, was ich noch sagen wollte«, würde er sagen. »Ich muß völlig überraschend nach Cardiff. Geschäfte, ihr versteht. Die Farm. Ich wäre froh, wenn ihr länger bleiben könntet, wirklich, es hat mir sehr gefallen.« Es klang selbst in seinen eigenen Ohren völlig falsch und unwahr. Sie würden ihm nicht glauben. Aber wenigstens konnten sie nicht sagen, daß er sie hinausgeworfen hatte, weil er sich nicht traute, seine eigene Kirche zu betreten.

Mit einer fürchterlichen Klarheit erkannte Gwillam in der Dunkelheit der Kirche, daß er ausgenutzt worden war. Sie hatten sich ihm aufgedrängt, sie hatten sich in sein Leben gedrängt. Er war noch nie so behandelt worden, und er konnte sich nicht dagegen wehren. Wenn er früher aus dem Haus gekommen wäre – wenn er Geschwister gehabt hätte – wenn seine Geburt ihn nicht so weit von den Dorfkindern entfernt hätte – im Laufe der Zeit würde er schon lernen, wie man mit solchen Leuten umgehen mußte! Aber jetzt hatten sie ihn, als Höhepunkt ihrer Aufdringlichkeit, dazu gezwungen, diese Kirche zu betreten, und sein angeschlagenes Selbstbewußtsein zwang ihn auf einen Kurs, von dem er genau wußte, daß er völlig unnötig war.

Unnötig?

Nein, nicht für ihn. In seiner verzweifelten Verwirrung und Empörung hätte er alles getan, alles, um das, was von seinem Stolz übrig war, zu retten. Er knipste die Taschenlampe an. Sie war schon ziemlich schwach, und der rötliche Lichtstrahl tanzte wie betrunken über die Krümmung des Deckengewölbes.

Ohne es selbst zu wollen, sagte er mit sanfter, aber deutlicher Stimme in dem melodischen Walisisch, das er fast nie benutzte: »Bist du da?«

Nichts war zu hören bis auf das Summen der Bienen im Klee draußen und das Rascheln der Efeublätter.

Der Stein war kalt unter seiner Berührung. Er steckte die Hand in die Tasche und ging langsam durch den Tunnel, über den dicken Staub auf dem Boden unter seinen Füßen. Vor ihm schimmerte die hintere Tür grünlich, überwuchert von Blättern. Immer noch mit jedem Atemzug gegen das Bedürfnis ankämpfend, einfach wegzulaufen, schwankte er durch den schmalen Gang, bis er an die Tür kam und stehenblieb, keines klaren Gedankens mehr fähig. Das Blut pulsierte in seiner Kehle, sein Kopf war wie vernebelt von einer Übelkeit, wie sie sonst nur vom Drogenrausch kommt.

Er konnte nicht mehr zurück. Er flüsterte in der Sprache seiner Vorfahren, die Worte so präzise und klar wie zuvor: »Bist du da?«

Das Efeu hinter ihm seufzte leise, reckte sich der Sonne entgegen.

Er bog in den Tunnel zu seiner Rechten und torkelte ihn entlang wie ein Schlafwandler. Das schwache Licht der Taschenlampe warf rötliche Pfützen auf den uralten Staub. Vor ihm durchbrach nun ein Schatten den Boden, und ohne Worte erkannte er, daß es der Stein war, der eingebrochen war.

Er schob sich daran vorbei. Dann blieb er stehen, drehte sich um, ganz langsam. Die Lücke klaffte jetzt weit offen, ein Schatten in den Schatten. In diesem Augenblick wußte er es – er mußte es wissen – aber so ruhig und still wie ein Kind ohne Hoffnung zog er die Hand aus der Tasche und streckte sie aus, wartend, streckte sie dem Schatten zu seinen Füßen entgegen.

»Komm«, sagte er. »Ich bin hier.« Und mit der anderen Hand richtete er das Licht hinunter in die Dunkelheit.

Draußen im Sonnenlicht saßen die drei anderen und wurden unruhig. Honey hatte ihren Spiegel aus der Tasche gezogen und betrachtete prüfend ihr Gesicht.

»Habt ihr es ihm gesagt?« wollte Bob wissen.

»Wie denn?« sagte Pat. »Ich meine, man kann doch nicht einfach zu jemandem sagen, ich langweile mich zu Tode, deshalb gehe ich jetzt.«

Bob hob den Blick von seiner Zeitung. »Es ist ganz einfach«, sagte er gereizt. »Ihr sagt einfach, wir müßten den Fünf-Uhr-fünf-Zug noch kriegen.«

»Honey sagt es ihm.«

»Dann soll sie sich gefälligst damit beeilen. Es ist jetzt vier. Habt ihr schon gepackt?«

Sie nickten. Sie hatten alles genau geplant. Eine halbe Stunde zum Bahnhof, eine halbe Stunde, um zum Haus zurückzugehen und ihre Sachen zu holen.

»Ich glaube, daß er froh ist, wenn wir gehen«, sagte Pat. »Er kann uns nicht leiden.«

»Doch, er kann uns leiden«, sagte Honey. »Es liegt nur an seinem Akzent.«

»Nein, er kann uns nicht leiden«, sagte Bob. »Nicht für zwei Cents. Es würde mich nicht wundern, wenn er durch die Hintertür verschwinden und einfach fortlaufen würde, nur um nicht mit uns reden zu müssen. Dabei sollte man doch meinen, daß Amerikaner hier beliebt sind, wo wir den Krieg gewonnen haben und alles.« Er schwieg eine Weile. Dann fuhr er fort: »Meine Güte, er ist jetzt schon seit zwanzig Minuten da drin. Ich wette, daß er sich heimlich hintenrum aus dem Staub gemacht hat.«

Honey stand auf. »Seht mal«, rief sie. »Was ist das denn?«

Pat stand ebenfalls auf. »Sieh doch, Bob«, sagte sie. »Es ist ein Mönch. Hat Willy nicht gesagt, daß es Mönche in der Gegend gibt?«

»Das war Winchester.«

»Es ist ein Richter«, sagte Honey. »Wißt ihr, wie in den Filmen über die Französische Revolution. Mit Perücke und allem Drum und Dran.«

Bob hievte sich hoch und sah über die Felder hinweg. »Der Aufzug gefällt mir nicht«, sagte er. »Sieht viel zuviel nach einem Kleid aus. Es wirkt komisch an einem Mann.«

»Nicht, wenn man in Italien lebt«, sagte Pat kühl.

Honey sah sich um. »Ich glaube, wir sind gemein«, sagte sie. »Ich gehe jetzt rein und sehe nach, wo Willy bleibt. Kommt ihr mit?«

Sie mußte allein zur Kirche gehen, während der Mönch, oder der Richter, oder was immer es auch war, sich über die Felder immer weiter von ihnen entfernte.

Sie war natürlich leer, die Kirche. Und Bob hatte recht gehabt. Die Kirche war durch die Hintertür verlassen worden, denn die Efeutriebe waren zerrissen. Honey bückte sich und hob ihre Taschenlampe auf, die immer noch brennend neben der eingebrochenen Stelle im Boden lag. Der schwache Schein traf auf etwas Metallenes, und sie bückte sich und zog etwas Kleines aus dem Staub in dem Loch. Die anderen waren fertig zum Gehen, hatten die Überreste des Picknicks schon zur Seite geräumt. Sie beschlossen, einfach zu gehen, ohne sich zu verabschieden. Was können sie sonst schon tun? Er war gegangen. Er war unhöflich gewesen, nicht sie.

Bob untersuchte Honeys Fund, während sie sich das Haar zurückstrich. »Du kannst ihn ja einem seiner Dienstboten geben, oder wie auch immer. Er hat ja weiß der Himmel genug davon.«

Pat sagte plötzlich: »Es gefällt mir nicht, bei anderen Leuten zu wohnen. Es ist einfach tödlich, nicht wahr, Bob?«

Er grunzte, aber Honey war immer höflich. Sie nahm den goldenen Ring mit dem Wappensiegel und hielt ihn in die Sonne. Sie hörte den anderen gar nicht richtig zu, war in Gedanken schon im Zug. »Tödlich«, sagte sie freundlich, und streichelte den Ring. »Absolut tödlich.«

Originaltitel: AN AMERICAN VISIT, 11/85
Übersetzt von Brigitte Walitzek

Augusta Hancock

Versteckspiel

»Wimbie? Tom Lawson. Ich wollte nur hören, ob du bald mal wieder herkommst?«

Wimbledon Jones war froh, Tom Lawsons Stimme zu hören. Tom war einer seiner besten Freunde und Polizeichef in dem kleinen Küstenstädtchen, in dem Wimbie immer den Sommer verbrachte, aber ein Anruf von Tom konnte nur bedeuten, daß sein Urlaub nicht sehr friedlich werden würde. »Wir kommen am zwanzigsten, wenn alles gutgeht. Das wäre Ende der Woche.«

»Wenn du hier bist, würde ich gerne mit dir reden.«

»Ich wäre sowieso gleich zu dir gekommen. Aber was ist denn los, Tom? In eurer friedlichen Gegend mit all der vielen Natur drumherum dürfte es doch eigentlich keine Verbrechen geben.«

»Mag sein, aber ob es sie nun geben dürfte oder nicht, ab und zu ist es eben doch soweit. Und im Augenblick geht hier etwas Merkwürdiges vor. Es scheint zwar kein Verbrechen zu sein, aber garantieren möchte ich nicht dafür.«

Ein paar Tage später saß Wimbie in Toms Büro und sah durch das Fenster hinaus auf den Hafen, das blaue Wasser und die weißen Boote, die auf den Wellen schaukelten.

»Ich habe Evan Kingsley unterwegs getroffen«, sagte Wimbie, »und er sagt, daß sie den jungen Bryson den Sommer über bei sich haben. Hat es seinetwegen mit ihm Probleme gegeben?« Er sah Tom forschend in das schmale, blauäugige Gesicht und stellte erleichtert fest, daß es sich anscheinend nicht verändert hatte. Wimbie hatte das Gefühl, daß in letzter Zeit alle Leute älter und schäbiger aussahen, aber Tom wirkte so energisch und gut in Form wie immer.

»Es waren ein paar Leute von der Presse da, und das war wohl nicht so angenehm für die Kingsleys, aber ich hatte keinen Ärger mit ihnen. Der Junge scheint ganz nett zu sein. Wie es heißt, wollen seine Eltern sich scheiden lassen und haben ihn deswegen hierher geschickt. Die Leute glotzen ihn natürlich an, aber daran ist er ja wahrscheinlich gewöhnt. Ein ruhiger Junge, und wie es scheint nicht einmal sonderlich verwöhnt. Er kommt mit allen hier ganz gut aus, und vor allem die Mädchen scheinen es ihm angetan zu haben.«

»Und was macht dir dann solche Sorgen?«

Tom seufzte und rieb sich das Kinn. »In letzter Zeit kommen ständig

Sachen fort.«

»Was soll das denn heißen?«

»Na ja, sie kommen eben fort. Sie werden nicht richtig gestohlen, sondern nur an eine andere Stelle gebracht. Als erstes war es ein Ring. Jennie Tennant hatte ihn in der Damentoilette im Clamdigger abgenommen und vergessen. Du weißt schon, sie macht den Gemüsestand in der Burnt Cove Road. Ein nettes Mädchen, verheiratet mit Hank Tennant, der in Moodys Garage arbeitet. Jedenfalls ging Jennie am nächsten Tag ins Clamdigger zurück, aber der Ring war weg. Kein Mensch hatte ihn gesehen. Die Simpsons waren schrecklich aufgeregt, weil der Ring in ihrem Restaurant verschwunden ist, aber Jennie sagte, es sei natürlich ihre Schuld, sie hätte eben nicht so unvorsichtig sein dürfen. Sie hat den Diebstahl nicht bei mir gemeldet, aber natürlich haben alle darüber geredet, denn am nächsten Tag tauchte der Ring plötzlich in ihrem Briefkasten auf. Fiel einfach heraus, als sie die Post holen wollte.

»Und dann wurde Amos Thachers Dinghi draußen bei Milo Eastons Point gefunden. Es lag einfach da, nichts damit passiert. Aber es gibt keine natürliche Erklärung dafür, wie es von alleine dorthin gekommen sein kann.

»Letzte Woche stand dann Gene Whites Auto, das er vor dem Haus geparkt hatte, plötzlich hinter der Kirche. Zu Anfang waren es immer nur Sachen, aber gestern abend ist Mabel Dowd verschwunden und bis jetzt noch nirgends wieder aufgetaucht. Gestern abend war sie noch in ihrem Haus, denn Martha Withers hat ihr ein paar Plätzchen gebracht. Heute morgen ging Minnie Greenleaf rüber zu ihr, und da war das Haus leer. Alles in schönster Ordnung, aber keine Mabel.«

»Könnte sie nicht einfach irgendwohin gegangen sein?«

»Mabel kommt nur dann aus dem Haus, wenn jemand sie mitnimmt. Das Herz. Sie kann nicht mehr so gut laufen, fährt nicht, hat kein Auto. Und jetzt im Alter ist sie ein bißchen durcheinander geworden. Jedenfalls ist sie nicht nach Hause gekommen, und niemand hat sie von sonstwoher gemeldet. Ich habe Mabel schon immer gesagt, daß sie ihre Türen abschließen soll, aber sie hat noch nie im Leben die Haustür abgeschlossen und wahrscheinlich ist sie einfach zu alt, um sich jetzt noch daran zu gewöhnen. Ich hatte immer Angst, daß jemand sie irgendwann mal ausrauben würde, aber es wäre mir nie in den Sinn gekommen, daß jemand sie selbst stehlen könnte.« Tom schüttelte den Kopf.

Dann stand er auf und ging zum Fenster, um sich die langen Beine zu vertreten. »Vor ein paar Jahren war mal eine Frau hier, die von

›Apportieren‹ redete – von Sachen, die geheimnisvollerweise von einer Stelle zur anderen bewegt werden, ohne daß menschliche Mithilfe im Spiel ist. Etwas Ähnliches geht nun hier vor, aber ich habe den bohrenden Verdacht, daß bei uns durchaus was Menschliches seine Finger im Spiel hat.«

»Habt ihr denn diesen Sommer Mystiker hier, die vielleicht ein bißchen üben wollen?«

»Nicht daß ich wüßte.«

Das Telefon klingelte. Toms Deputy, Jeb Stinton, hob ab. »Ist gut, ich sage es ihm. Ja, er ist hier. Vielen Dank.« Jeb drehte sich zu Tom um. »Das war Martha Withers. Jim Quimby war gerade in der Post und hat gesagt, er hätte Mabel Dowd am anderen Ende der Water Street gesehen. Anscheinend hat er gehört, daß du sie suchst.«

Tom und Wimbie stiegen in den Streifenwagen. Wimbie stand dem Wagen mit seinem Funkgerät, dem blinkenden Blaulicht (das jetzt zwar nicht blinkte, aber dennoch da war), der Sirene (die zwar nicht heulte, aber ebenfalls da war) mit sehr gemischten Gefühlen gegenüber. Er mochte die Aggressivität, nicht die Macht, aber es machte ihm Spaß, Tom bei der Arbeit zuzusehen. Tom fuhr nun langsam durch die Water Street.

»Da ist der Bryson-Junge, der da aus dem Drugstore kommt«, sagte Tom und zeigte mit dem Kopf auf einen gutaussehenden, schlanken Jungen, der sich mit einer gewissen Schüchternheit bewegte, aber ansonsten ganz normal aussah. Als der Junge zum Streifenwagen hinübersah, fielen Wimbie die dunklen, intelligenten Augen auf, aber der Junge sah hastig wieder weg, als sei auch ihm der Wagen unheimlich. »Ich finde, er sieht seiner Mutter am ähnlichsten«, sagte Tom.

»Ich wußte gar nicht, daß du dich mit Schauspielerinnen auskennst. Es ist mir immer ein Rätsel, woher du all deine Kenntnisse beziehst.«

Tom grinste. »Ihr Städter glaubt immer, daß ihr die einzigen seid, die Ahnung haben. Ich habe sie in ›Flügel über dem Strand‹ gesehen. Eine unglaublich schöne Frau. Aber das ist schon eine Weile her.«

»Ich schätze sie auf etwa Ende Dreißig. Wahrscheinlich ist es ein kleines Wunder, daß die Ehe bis heute gehalten hat.«

»Ja, wahrscheinlich. Der Junge muß ungefähr sechzehn oder siebzehn sein. Da ist übrigens Jim Quimby.« Wimbie sah hinüber zu einem Mann mit sandfarbenem Haar, der gerade die Tür seines Autos aufschloß. »Er muß nach Bangor ins Krankenhaus, wegen einer Bruchoperation. Schlimm für ihn, daß er gerade jetzt, wo alle Welt Hummer haben will, seine Fallen im Stich lassen muß.«

Am anderen Ende der Water Street fuhr Tom an den Straßenrand, stieg aus und näherte sich einer gebeugten, alten Frau mit dünnen, grauem Haar. Sie hob den Kopf.

»Morgen, Tom. Wie geht's?«

»Mabel, ich habe überall nach Ihnen gesucht. Wo um Himmels willen sind Sie gewesen?«

»Nirgends, Tom.«

»Wer hat Sie hierher zum Einkaufen gebracht?« Sie hatte nämlich gerade in ein Geschäft gehen wollen. »Sie wohnen doch am anderen Ende der Stadt.«

Mabel sah sich unsicher um. »Ach so. Sicher war es Janet.«

»Janet ist in Bangor.«

Jetzt sah Mabel verwirrt aus. »Aber auf jeden Fall bin ich irgendwie hierhergekommen, oder?«

»Wo waren Sie heute morgen?«

»Ich war nirgends, Tom. Warum fragen Sie überhaupt? Ich habe nichts Unrechtes getan.«

Tom seufzte. Er hatte Amos' Dinghi nicht fragen können, wie es an die Stelle gekommen war, an der es gefunden wurde, und von Gene Whites Oldsmobile hatte er auch keine Erklärung erwartet. Aber hier hatte er ein echtes, lebendiges, sprechendes menschliches Wesen vor sich, und sie konnte ihm auch keine Antwort geben. »Brauchen Sie etwas aus dem Laden, Mabel, oder soll ich Sie nach Hause fahren.«

»Ich glaube, Sie fahren mich lieber nach Hause. Vielen Dank.«

Wimbie war ebenfalls ausgestiegen und hatte der Unterhaltung zugehört, aber er besaß ein beachtliches Talent zur Unauffälligkeit, und Mabel Dowd schien ihn bisher nicht bemerkt zu haben. Jetzt stiegen alle drei in den Streifenwagen. »Wie fühlen Sie sich, Mrs. Dowd?« fragte Wimbie.

»Ich habe mich noch nie im Leben besser gefühlt. Es geht doch nichts über einen gesunden Schlaf, damit man sich wie neugeboren fühlt.«

»Und dazu haben wir ja auch herrliches Wetter.«

»Das stimmt. Ich will heute morgen unbedingt noch im Garten arbeiten.«

»Mabel«, sagte Tom. »Es ist fast schon Abend.«

»Wie die Zeit vergeht! Ich scheine wirklich alt und vergeßlich zu werden. Aber ich fühle mich besser als seit langem. Frisch und munter wie ein neuer Tag.«

»Da sind wir«, sagte Tom. »Ich bringe Sie ins Haus.«

Als er zurückkam, sah er Wimbie lange an.

»Drogen?« fragte Wimbie.

»Sieht so aus. Ich sage Doc Cameron, er soll mal bei ihr vorbeifahren. Was hat das alles nur zu bedeuten, Wimbie? Jedesmal ist es etwas, was ein bißchen größer ist, und ein bißchen lebendiger.«

Wimbie saß auf der Veranda und beobachtete ein Hummerboot, das sich langsam durch die Bucht bewegte und hier und da an einer leuchtendbunten Markierungsboje Halt machte. Sarah, seine Frau, arbeitete im Garten. Sie stand tief gebückt am Zaun und streute Dünger um die Pfingstrosen. Sie sah aus wie ein Teenager. Ein herzhaftes Frühstück füllte Wimbies Magen. Er fühlte sich großartig und sehr entspannt.

Ein Klopfen an der Haustür schreckte ihn auf. Es gab kaum jemanden, der an die Tür klopfte, und schon gar nicht an die Vordertür. Schweren Herzens hievte er sich aus seinem Sessel. Evan Kingsley stand vor der Tür. Er hatte ein klassisch schönes Gesicht, und Wimbie kam sich in seiner Gegenwart immer abgerissen und schmuddelig vor. Evan konnte bei Windstärke acht auf einem Segelboot stehen, ohne daß auch nur ein einziges seiner stahlgrauen Haare zerzaust wirkte. Er war immer genauso einfach und lässig gekleidet wie alle anderen, aber er hätte in denselben Kleidern zu einer Hochzeit gehen können, ohne fehl am Platz zu wirken.

»Guten Morgen, Wimbie. Ich störe Sie nur ungern, wo Sie Urlaub machen, aber ich habe ein Problem.« Das hatte Wimbie sich gleich gedacht, als er Evan vor der Tür stehen sah. »Und ich halte es für besser, wenn ich erst einmal mit Ihnen darüber rede, statt zu Tom zu gehen.«

Wimbie runzelte die Stirn. Er übte seinen Beruf hier nicht aus und hatte bisher nie etwas anderes getan, als Toms Begleiter gespielt.

Aber Evan ließ Wimbie keine Zeit, sich zu äußern. »Ich weiß, daß das nicht leicht für sie ist, aber es wäre mir lieber, wenn ich Tom nicht offiziell einschalten müßte. Wenigstens noch nicht.«

Was bedeutet, daß ich ihn inoffiziell einschalten kann, dachte Wimbie, was die Lage für ihn noch kniffliger machte. Er schüttelte trübselig den Kopf und bat Evan, hereinzukommen und sich zu setzen, wobei Evan ihm versicherte, daß er für seine Hilfe selbstverständlich bezahlt werden würde. Was sollte er machen? Tom eine Beteiligung am Honorar anbieten?

»Sie wissen ja – ich nehme an, daß alle es wissen –, daß der Bryson-Junge den Sommer über bei uns wohnt. Ich glaube, ich habe Ihnen schon erzählt, daß er mit meinem Sohn King zusammen die Schule besucht. Rod Bryson ist ein netter Junge, aber wo sein Vater Unterhaltungskünstler und seine Mutter Filmschauspielerin ist, ist er nicht gerade in einer normalen Umgebung aufgewachsen. Er hat von seinen Eltern wohl nie sehr viel gehabt. Sie haben natürlich gut für ihn gesorgt, und ich bin sicher, daß sie ihn lieben, aber sie waren eben einfach nie genug für ihn da. Jetzt ist er anscheinend in einem Alter, wo er seine Eltern ganz besonders stark braucht. Die meisten Kinder rebellieren in diesem Alter gegen ihre Eltern, aber da Rod seine nie gehabt hat, tendiert er wohl eher in die andere Richtung. Jedenfalls ist er nicht der typische Durchschnittsteenager. Aber das ist im Augenblick nicht der springende Punkt.

»Heute morgen war er nicht im Haus. Sein Bett ist unbenutzt. Er und King sind gestern abend mit dem Auto losgefahren, um sich einen Film anzusehen – King hat gerade seinen Führerschein gemacht – und anschließend hat Rod gesagt, er würde lieber zu Fuß nach Hause gehen. Es ist ein langer Weg, und es war neblig, aber King hat ihn gehen lassen und ist alleine nach Hause gekommen. Ich habe das Auto vorfahren und das Klappern der Hintertür gehört, gedacht, daß die Jungen wohlbehalten wieder da sind, und bin eingeschlafen. Es war nicht gerade klug von King, den Jungen alleine losziehen zu lassen, aber ich kann mir auch nicht denken, daß er entführt worden ist. Er ist schon öfter mal alleine losgezogen, auch für längere Zeit, aber noch niemals nachts, und schon gar nicht eine ganze Nacht lang. Ich habe schon mit den jungen Leuten geredet, die Rod so kennt. Keiner hat ihn gesehen. Dann dachte ich, vielleicht war er bei einem Mädchen. Er scheint Mädchen zu mögen, vor allem die kleine Greenleaf, glaube ich. Ich habe heute morgen mit ihr geredet. Sie hat ein Kostüm für die Parade am vierten Juli genäht und war den ganzen Abend zu Hause. Rod hatte ihr gesagt, vielleicht käme er nach dem Film noch bei ihr vorbei, aber er kam nicht. Und da habe ich beschlossen, mit Ihnen zu reden. Ich will keinen unnötigen Wirbel machen, und es ist so friedlich hier, daß ich mir einfach nicht vorstellen kann, daß ihm etwas passiert sein könnte. Natürlich wäre es möglich, daß er im Nebel von einem Auto angefahren wurde – aber wo ist er dann? Ich war im Krankenhaus. Ich bin die ganze Straße abgefahren. Ich bin sicher, daß es eine logische Teenagererklärung für das alles gibt. Aber der Junge ist bekannterweise der Sohn von reichen und berühmten Leuten, und ich bin für ihn verantwortlich. Ich weiß nicht, was ich sonst noch tun könnte, und deshalb bin ich zu Ihnen gekommen.«

»In den letzten Tagen ist nichts Ungewöhnliches passiert? Kein beunruhigender Brief von zu Hause?«

Evan lächelte müde. »Seine Mutter dreht irgendwo in Mexiko, und sein Vater ist in Timbuktu. Der Kontakt ist nicht sehr ausgeprägt.«

»Es ist niemand ums Haus herumgeschlichen? Keine merkwürdigen Telefonanrufe? Kein Stimmungswechsel?«

»Mir fällt nichts ein, was ungewöhnlich gewesen wäre.«

»Ich werde sehen, was ich tun kann, aber Sie verstehen wohl, daß die Situation für mich nicht ganz einfach ist.«

»Ich weiß, aber ich wäre Ihnen für Ihre Hilfe sehr dankbar.«

Nachdem Evan gegangen war, sagte Wimbie Sarah Bescheid, stieg in sein Auto und fuhr die kurze Strecke ins Städtchen. Er parkte in der Water Street und ging zum Drugstore. Er hatte Rod Bryson nur ein einziges Mal gesehen, als er aus dem Drugstore kam, und da fing er am besten an dieser Stelle an. Gerade als er den Fuß auf die hölzerne Schwelle setzen wollte, ging die Fliegengittertür auf und Tom Lawson kam heraus. Er sah Wimbie an und grinste.

»Morgen, Wimbie. Wahrscheinlich hast du schon gehört, daß der junge Bryson verschwunden ist. Offiziell hat mir zwar niemand was davon gesagt, aber die Kinder reden alle davon.« Sein Gesicht wurde ernst. »Glaubst du, daß er auch ›weggekommen‹ ist, oder vielleicht sogar Schlimmeres? Ich jedenfalls mache mir Sorgen.«

»Ich hoffe, daß er nur weggekommen ist. Aber bei einem Jungen wie ihm könnte es sich genausogut um Entführung handeln.«

»Wenn es eine Entführung ist, wird jemand Geld verlangen. Das heißt, höchstwahrscheinlich. Es hat hier noch nie eine Entführung gegeben, deshalb weiß ich nicht so genau, wie so was vor sich geht. Wimbie, glaubst du, daß das alles zusammenhängt?«

»Könnte sein. Dieser Ring geht mir nicht aus dem Kopf. Er wurde von jemand genommen, der genau wußte, wohin er ihn zurückbringen konnte. Außer natürlich, es war noch eine weitere Person in den Vorfall verwickelt.«

»Der Ring war ein Geburtstagsgeschenk von Jennies Familie und hatte ihre Initialen und das Datum eingraviert.«

»Das heißt also, daß jeder, der die einheimische Bevölkerung einigermaßen kennt und sie im Clamdigger gesehen hat, sich denken könnte, wem der Ring gehört?«

Tom nickte und sah dann zurück zum Drugstore. »Rod Bryson hat sich nur etwas Schokolade gekauft, aber vielleicht würdest du trotzdem gerne mit Amy Greenleaf reden.«

»Sie hat gesagt, daß Rod gestern abend nicht gekommen ist, aber es könnte natürlich auch sein, daß sie Evan gegenüber scheu war und ihm nicht erzählen wollte, was Wirklichkeit war.«

»Ich muß jetzt ins Büro zurück. Sag mir Bescheid, wenn du Hilfe brauchst, offiziell oder inoffiziell.« Tom grinste. Wimbie fragte nicht, woher Tom wußte, daß Evan ihn engagiert hatte. Tom wußte solche Sachen einfach.

Wimbie machte die Tür auf und betrat den Drugstore. Amy Greenleaf war ein zierliches, kleines Ding mit riesigen blauen Augen und langem, hellem Haar. Sie stand hinter einer Auslage mit Andenkenkalendern – Möwen, Meer, Felsen und Leuchttürmen – und beharrte darauf, daß Rod nicht gekommen war, obwohl sie ihn erwartet hatte. Ihre Augen füllten sich mit Tränen, und Wimbie ergriff die Flucht, bevor die Flut kam.

Dann fuhr er zum Haus der Kingsleys. King übte auf dem Rasen am Rand der Felsen, die zum Strand hinunter abfielen, mit einem Golfschläger.

»Erzähl mir alles, was dir so einfällt«, sagte Wimbie.

Aber er erfuhr nicht viel mehr als das, was der Vater des Jungen ihm schon erzählt hatte, außer, daß Rod in der Schule sehr gut sein konnte, wenn er es wollte. Manchmal schien er sogar mehr zu wissen als die Lehrer, aber manchmal war er auch wie weggetreten und alles schien ihm egal zu sein. »Sie wissen schon, dann sitzt er einfach nur da und starrt aus dem Fenster.«

Wimbie verabschiedete sich und dachte über Rod Bryson und die anderen »Apportierungen« nach und beschloß, im Clamdigger zu Mittag zu essen.

Es war ein nettes Restaurant mit Eichenmöbeln und Chintzvorhängen. Er bestellte Hummer und unterhielt sich mit Agatha Simpson, die mütterlich und tüchtig war, ohne viel Getue um diese beiden Tugenden zu machen. Sie mochte Wimbie, weil er ihr Essen mochte, und sie wußte, daß er hohe Ansprüche stellte.

»Wissen Sie noch, ob der junge Bryson an dem Abend hier war, an dem Jennie Tennants Ring verschwand?« fragte er.

»Ja, der Junge war da. Ich überlege ja schon die ganze Zeit, wer an diesem Abend hier war. Natürlich waren auch viele Gäste da, die wir nicht kennen – Leute auf der Durchreise zum Beispiel, oder Sommergäste, die nicht so oft kommen.«

»Wissen Sie noch, wo er gesessen hat?«

»Er war mit den Kingsleys hier. Sie saßen an dem Tisch in der Ecke da drüben.«

Wimbie sah zu dem Tisch hinüber. »Wissen Sie noch, auf welchem Platz er gesessen hat?«

»Auf dem da. Ich mußte ihn dauernd ansehen. So ein hübscher Junge. Er sieht seiner Mutter verblüffend ähnlich.«

Der betreffende Stuhl stand so, daß man den kleinen Flur im Blick hatte, der zu den Toiletten führte. Der Junge konnte also gesehen haben, wer alles zur Toilette ging. »Sie wissen nicht mehr zufällig, ob er auch zur Toilette ging?«

»Sicher bin ich mir nicht. Ich mußte mich ja um die Gäste kümmern und immer wieder in der Küche nach dem Rechten sehen. Aber gesehen habe ich ihn nicht.«

»Wer sonst war noch da?«

»Lassen Sie mich überlegen. Gene White war mit seinem Sohn und seiner Schwiegertochter hier. Er hatte Geburtstag, den fünfzigsten, und die beiden hatten ihn zur Feier des Tages eingeladen. Wir hatten einen Geburtstagskuchen für ihn. Gene ist irgendwie nicht mehr der alte, seit seine Frau gestorben ist, aber an dem Abend war er richtig aufgekratzt, wahrscheinlich von dem Champagner. Normalerweise trinkt er keinen Alkohol, aber es handelte sich ja um eine besondere Gelegenheit.«

»Sonst noch jemand?«

»Amos Thacher und seine Frau waren mit Verwandten aus Portland da. Amos und Mary kommen nicht sehr oft her, aber sie wollten der Verwandtschaft etwas Besonderes bieten. Amos und Gene sind so eine Art Rivalen beim Hummerfischen. Amos machte eine Bemerkung über Genes Geburtstag und den Champagner, und Gene schien sich darüber zu ärgern, aber es war nichts Ernstes. Ich glaube, das waren so ungefähr alle, die ich kenne. Aber wie schon gesagt war an dem Abend ziemlich viel Betrieb hier.«

»Mabel Dowd war aber nicht da, oder?«

»Aber nein. Ich glaube, sie kommt überhaupt nicht mehr viel aus dem Haus. Und hier war sie glaube ich noch nie.«

Agatha mußte sich um andere Gäste kümmern, und Wimbie sah sich im Restaurant um. Jennie Tennant war zur Toilette gegangen. Gene White wahrscheinlich auch, wenn er etwas zuviel Champagner getrunken hatte. Rod Bryson konnte den Flur einsehen. Was war mit Amos Thacher? War auch er zur Toilette gegangen? Amos, der sich nicht viel aus Leuten machte, eine Art Einsiedler, mit einem ausgeprägten Mainer Akzent. Wenn Wimbie mit ihm sprechen sollte, würde er wahrscheinlich nicht einmal verstehen, was er sagte. Aber mit Gene White konnte er sich unterhalten. Vielleicht wußte Gene White mehr, als er bisher gesagt hatte. Aber natürlich hatte ihn bisher auch niemand gefragt.

Wimbie stand am Geländer und sah auf das Wasser hinaus, als Gene White mit seinem Dinghi heranruderte. Er sah ihm zu, wie er es festmachte. Gene hatte Übergewicht, wahrscheinlich schon seit langem, aber ein Großteil seiner Pfunde bestand aus Muskeln. Wimbie beobachtete die klaren, abgezirkelten Bewegungen des so plump wirkenden Mannes. Die Arbeit an den Hummerfallen förderte die Koordination. Gene kletterte auf die Anlegestelle hinauf. Er war kein besonders großer Mann.

Wimbie deutete mit dem Kopf auf ein Dinghi, das auf der anderen Seite der Anlegestelle festgemacht war. »Ist das das Dinghi, das verschwunden war?«

»Ist es.«

»Wie ich höre, hatten Sie und Amos eine Auseinandersetzung, bevor es verschwand.«

»Wir haben öfter Meinungsverschiedenheiten, schon unser ganzes Leben lang. Wir sind so eine Art Cousins, Amos und ich. Keiner von uns hatte einen Bruder, und deshalb lassen wir unseren Ärger eben aneinander aus. Er und Jim Quimby und ich sind zusammen aufgewachsen und haben ungefähr zur selben Zeit mit dem Hummerfischen angefangen. Und wir meckern eben ständig aneinander herum.«

»Sie haben sich also nicht so sehr gestritten, daß Sie vielleicht auf die Idee gekommen wären, sein Dinghi verschwinden zu lassen, um ihn zu ärgern?«

»Ich habe Amos' Dinghi nicht genommen. Das kann ich nun wirklich beschwören.«

Etwas an der Art, wie er das sagte, ließ Wimbie eine Frage stellen, die ihm selbst nicht bewußt gewesen war. »Und was ist mit Jennie Tennants Ring?«

Ein merkwürdiger Ausdruck flog über Genes rundes Gesicht. Er wurde rot. Er stotterte. Dann stieß er einen abgrundtiefen Seufzer aus. »Der Ring, ja, das macht mir nun wirklich Sorgen. Den habe ich nämlich genommen. Ich weiß nicht, wie Sie darauf gekommen sind, aber ich gebe es zu. Ich wollte nur zur Toilette und mußte an der Damentoilette vorbei. Die Tür stand offen, und das Licht brannte. Und da sah ich den Ring auf der Ablage unter dem Spiegel liegen, gleich neben der Tür. Er sah so hübsch aus, und wahrscheinlich hatte ich zuviel von dem Champagner getrunken. Jedenfalls streckte ich die Hand aus und nahm ihn. Ich weiß selbst nicht, warum ich es getan habe. Hinterher fühlte ich mich schrecklich. Wahrscheinlich erinnerte der Ring mich einfach an Ellie. Jedenfalls dachte ich hinterher, was in aller Welt will ich eigentlich mit dem Ring? Und da bin ich ganz früh am nächsten Morgen zu Jennies Haus gegangen und habe den Ring in ihren Briefkasten geworfen. Es war klar, daß er nur ihr gehören konnte. Ich wollte nicht sagen, daß ich es war, der ihn genommen hatte, aber ich wollte ihn zurückgeben. Jennie ist ein nettes Mädchen, und sie hat einen netten Jungen geheiratet. Ich wollte ihnen nichts Böses. Und ich habe in meinem ganzen Leben noch nie etwas gestohlen.« Gene stieß einen weiteren Seufzer aus und starrte durch die Ritzen der Anlegestelle ins Wasser darunter.

»Na ja, es ist ja niemand zu Schaden gekommen. Aber sagen Sie – am Abend Ihres Geburtstags war der junge Bryson auch im Restaurant. Wäre es möglich, daß er gesehen hat, wie Sie den Ring nahmen?«

»Das kann ich wirklich nicht sagen. Aber ich erinnere mich, daß er und die Kingsleys da waren.«

»Er könnte gesehen haben, wie Jennie zur Toilette ging, und dann etwas später Sie auch, und als er dann hörte, daß der Ring verschwunden ist, könnte er sich die Sache zusammengereimt haben. Oder er könnte selbst zur Toilette gegangen sein und den Ring auf der Ablage gesehen haben, und dann wie sie durch den Flur gingen und die Hand durch die Tür steckten.«

»Es wäre möglich, aber was hat es zu bedeuten?«

»Das weiß ich auch nicht.«

»Rod hat einen merkwürdigen Sinn für Humor«, sagte King Kingsley. Er saß auf der obersten Verandastufe vor dem Haus der Kingsleys und zupfte an seinem Tennisschläger herum. Wimbie saß auf einem Stuhl über ihm und dachte, daß King sich anscheinend noch nicht sonderlich für Mädchen interessierte. »Ich verstehe nicht immer, was er für komisch hält«, fuhr King fort. »Zum Beispiel hat er unheimlich gelacht, weil Gene White sein eigenes Auto gestohlen hat, wie er sagt.«

»Wieso glaubt er, daß Gene das getan hat? Und wieso hielt er es für komisch?«

»Ich weiß es nicht. Er sagt oft Sachen, ohne sie richtig zu erklären.«

»Wußte er, daß Jennie Tennants Ring verschwunden war und dann zurückgegeben wurde?«

»Ja, er hatte davon gehört. Er hört viel zu. Zum Beispiel erzählt er mir dauernd von Sachen, von denen er irgendwo gehört hat. Er betrachtet gern alles als eine Art Geschichte.«

»Was habt ihr beide an dem Abend gemacht, an dem Amos Thachers Dinghi verschwand?«

»Es kam mir schon irgendwie komisch vor, als ich hörte, daß das

Dinghi verschwunden war. Wir waren an dem Abend im Kino, und danach gingen wir noch ein bißchen durch die Stadt, und runter zum Hafen, und dann zu der kleinen Bucht auf der anderen Seite. Rod interessiert sich für die Boote. Er weiß genau, welches wem gehört. Ich interessiere mich mehr für Segelboote, aber die Fischerboote sind mir egal. Jedenfalls hat Rod gesagt, komisch, wie die zwei Dinghis nebeneinander liegen, und daß das eine Gene White gehört, und das andere Amos Thacher, und daß die beiden sich ständig streiten, und daß die zwei Dinghis wirklich friedlich aussahen, und freundlich miteinander.«

»Und dann?«

»Dann sind wir zurück zum Auto gegangen und nach Hause gefahren.«

»Könnte es sein, daß er noch mal zurückgegangen ist?«

»Könnte schon sein. Manchmal wird er kribbelig. Dann läuft er gerne alleine herum.«

Gene White spülte gerade Geschirr, als Wimbie sich seiner Küchentür näherte. Er blieb einen Augenblick stehen und beobachtete ihn. Gene schien mit dem Geschirr nicht so geschickt umzugehen wie mit seinem Dinghi. Vielleicht lag es daran, daß er nicht ans Abwaschen gewöhnt war.

»Ich habe mir Gedanken über Ihr Auto gemacht, das verschwand und hinter der Kirche wieder auftauchte«, sagte Wimbie.

»Sehr merkwürdige Sache«, sagte Gene und wandte den Blick ab. Eine Tasse rutschte ihm aus dem Geschirrtuch und plumpste auf den Abtropfständer.

»Es gehen Gerüchte, daß Sie es selbst dorthin gefahren haben.«

Gene ließ das Tuch sinken und fuhr sich mit der Hand über das runde Gesicht.

»Zuerst haben die Leute geglaubt, daß ich das mit Amos' Dinghi gemacht habe. Als es dann gefunden wurde, fingen sie an von Sachen zu reden, die einfach so verschwanden und dann wieder auftauchten. Aber sie dachten immer noch, ich könnte das mit dem Dinghi gewesen sein. Und wahrscheinlich hatte ich ein schlechtes Gewissen wegen dem Ring. Jedenfalls dachte ich, wenn ich mein eigenes Auto wegbringe, denken die Leute, das ist noch so ein komischer Vorfall, und daß ich es also nicht gewesen sein kann, der Amos' Dinghi nahm. Und ich war es auch nicht. Bitte, sagen Sie Amos ja nicht, daß ich mein eigenes Auto gestohlen habe. Er würde es mir für den Rest meines Lebens aufs Butterbrot schmieren. Hört sich verrückt an, was? Aber im ersten Augenblick schien es mir eine gute Idee zu sein. Wahrscheinlich kann ich einfach nicht mehr so klar denken, seit Ellie nicht mehr da ist.«

»Warum haben Sie mir nicht gleich davon erzählt?«

»Ich habe Ihnen von dem Diebstahl erzählt. Das mit dem Auto war kein Diebstahl. Es war mein eigenes Auto.«

»Ich bin nicht an Diebstahl oder nicht Diebstahl interessiert. Ich will nur den jungen Bryson finden.«

»Ich verstehe nicht, was das damit zu tun hat.«

»Es könnte sein, daß es sehr viel miteinander zu tun hat. Haben Sie schon mal daran gedacht, daß es der Bryson-Junge gewesen sein könnte, der das Dinghi wegbrachte?«

»Der Bryson-Junge? Aber warum um Himmels willen sollte er denn so etwas tun?«

»Für mich sieht es so aus, als würden Sie beide eine Art Versteckspiel miteinander spielen. Erst läßt der eine von Ihnen etwas verschwinden, dann zieht der andere nach.«

Gene starrte ihn mit offenem Mund an. »Sie meinen, wenn er gesehen hätte, wie ich den Ring nahm, hätte er Amos Dinghi nehmen können, nur damit es so aussah, als sei ich es gewesen?«

»So ungefähr.«

»Ich schwöre, daß ich keine Ahnung habe, wie der Junge verschwunden ist oder wo er sein könnte.«

»Sie haben nicht zufällig Mabel verschleppt?«

»Mabel? Wie hätte ich sie verschleppen sollen?«

»Sie haben doch ein Auto.«

Wimbie war es langsam leid, immer wieder zu den Kingsleys hinauszufahren. Er mußte endlich damit anfangen, bei einem Besuch alle Fragen auf einmal zu stellen. Noch einmal fuhr er durch die Stadt, die Water Street entlang. Tom kam gerade aus seinem Büro. Er winkte Wimbie, aber Wimbie hätte sowieso angehalten. Er fuhr an den Straßenrand und stieg aus.

»Ich habe mir Gedanken gemacht über das Stück Strand zwischen der Stadt und dem Grundstück der Kingsleys«, fing Wimbie an.

»Das dachte ich mir schon«, antwortete Tom. »Ein schöner Nachmittag heute, eine Menge Leute am Strand, aber keiner hat etwas gesehen, was er lieber nicht sehen möchte. Ich habe sogar selbst einen inoffiziellen Strandspaziergang gemacht.«

Wimbie lächelte. »Danke, Tom.«

Tom grinste. »Und ich habe ein paar Nachforschungen in der Bibliothek getrieben, während du durch die Gegend gerannt bist.«

Wimbie runzelte fragend die Stirn.

»Rods Großvater war Kapitän auf einem Schleppboot. Das habe ich in einem Buch über die Familiengeschichte von Filmstars gefunden.« In diesem Augenblick wurde Tom von etwas anderem abgelenkt und sah die Straße entlang. Wimbie folgte seinem Blick und sah Mabel Dowd. »Wenigstens ist sie dieses Mal in Begleitung von Janet«, sagte Tom. »Das da ist ihr Auto. Ich habe Mabel noch einmal nach dem Tag befragt, an dem sie verschwand, aber jetzt kann sie sich nicht einmal mehr daran erinnern, daß wir sie nach Hause gefahren haben.« Die beiden Männer gingen zu der alten Frau.

»Es tut mir leid zu hören, daß der Bryson-Junge weggegangen ist«, sagte Mabel. »Er war so ein netter junger Mann.«

Tom war überrascht. »Ich wußte gar nicht, daß Sie ihn kennen, Mabel.«

»Natürlich kenne ich ihn. Und ich hoffe, daß er zurückkommt.«

»Haben Sie ihn oft gesehen, Mabel?«

»Ich glaube nicht. Nur das eine Mal, denke ich.«

»Welches eine Mal war das, Mabel?«

»Also, ich glaube, das weiß ich nicht mehr so genau. Aber einmal habe ich ihn gesehen, und wir haben uns lange unterhalten. Er hat mir erzählt, daß er nie eine Großmutter gehabt hat, und daß ich eine gute Großmutter abgeben würde. Wahrscheinlich habe ich ihm eine Tasse Tee angeboten. Vielleicht hat er mich auch zum Einkaufen gebracht. Sie wissen ja, ich kann mich nicht mehr so gut erinnern wie früher mal.« Sie schüttelte den Kopf und ging weiter die Straße entlang.

»Die Kinder sagen, daß es nicht das erste Mal ist, daß der Junge weg ist«, sagte Tom. »Bloß ist er jetzt das erste Mal spurlos verschwunden.«

»Jemand sollte sich mit Amos Thacher unterhalten«, sagte Wimbie. »Ich wollte es eigentlich selbst machen, aber ich verstehe kein Wort von dem, was er sagt. Er ist den ganzen Tag über draußen bei den Hummern und den Möwen, und bestimmt verstehen die ihn ausgezeichnet, aber ich leider nicht.«

»Ich habe selbst Schwierigkeiten mit ihm«, sagte Tom. »Und außerdem bekommt man aus Amos sowieso nicht viel heraus. Als ich ihn nach seinem Dinghi gefragt habe, hat er höchstens mal ein Ja oder Nein genuschelt. Das einzige, was ihn interessiert, sind seine Hummer. Aber ich fange an, mir Sorgen zu machen. Dieses Verschwinden dauert länger als alle anderen.«

»Ich mache mir auch Sorgen.«

Die Kingsleys saßen auf ihrer sogenannten »Piazza« und genehmigten sich einen Drink. Trotz seiner Gefaßtheit sah Evan beunruhigt aus. Genau wie auch Ellen Kingsley, eine stille Frau mit einem klassischen Profil.

Es war keine Lösegeldforderung gestellt worden.

»Ich muß noch einmal mit King sprechen«, sagte Wimbie. »Hoffentlich zum letzten Mal.«

King kam auf die Veranda. Er zog sich gerade einen Pullover über den Kopf.

»Was haben Rod und du an dem Tag gemacht, an dem Mabel Dowd verschwand?«

»Das war an dem Morgen, an dem ich beim Aufwachen einen Zettel von Rod fand, daß er mit einem der Boote rausfahren wollte. Am späten Nachmittag kam er wieder zurück. Er hat gesagt, er wäre mit zum Hummerfischen gewesen.«

»Weißt du, mit wem er rausgefahren ist?«

»Das hat er nicht gesagt.«

»Ich glaube, ich komme so langsam dahinter«, sagte Wimbie zu Evan. »Aber ich weiß immer noch nicht, was es ist. Alles scheint zusammenzupassen, aber ich kann mir immer noch nicht denken, wie das endgültige Bild aussehen wird.«

Den Rest des Nachmittags verbrachte Wimbie damit, mit allen Hummerfischern zu reden, von denen er wußte. Keiner von ihnen hatte den Jungen mitgenommen, und keiner wußte von einem anderen, der es eventuell getan hatte.

Er ging nach Hause, wo Sarah in einem leuchtendroten, flauschigen Pullover schon mit einem starken Scotch, heißer Suppe, kaltem Brathähnchen und selbstgebackenem Brot auf ihn wartete. Er schlief unruhig und träumte einen hektischen Traum von einem auf und ab hüpfenden Dinghi, in dem er herumgewirbelt wurde, während er versuchte, einen Ring aus den Scheren eines Hummers zu retten.

Am nächsten Morgen fuhr er zu Tom.

»Entweder hat der Junge es selbst gemacht, oder es ist wirklich etwas Schlimmes mit ihm passiert. Aber was? Niemand hat Geld verlangt, niemand hat eine Meldung gemacht. Also was hat er selbst gemacht? Und warum? Vorausgesetzt natürlich, daß er noch am Leben ist. Ein verwöhnter, theatralischer Junge, der sich für Mädchen interessiert, und für Boote. Für Hummerboote. King sagt, daß Rod sich für die Hummerboote interessiert, und du hast gesagt, daß sein Großvater Schlepperkapitän war.«

»Da fällt mir ein«, sagte Tom, »daß eines dieser Boote im Hafen liegt und nicht benutzt wird. Jim Quimby ist doch wegen dieser

Operation in Bangor. Aber ich kann mir nicht vorstellen, wie der Junge von alleine auf das Boot kommen könnte. Das Dinghi liegt hier am Ufer. Natürlich hätte jemand ihn auch rausbringen können. Und noch etwas. Jim lebt allein, und ich glaube nicht, daß jemand sich um das Haus kümmert. Das könntest du vielleicht zuallererst überprüfen. Oder besser noch, ich begleite dich. Wir haben zwar keinen Durchsuchungsbefehl, aber umsehen können wir uns ja trotzdem.«

Wimbie stieg in sein Auto, Tom folgte im Streifenwagen. Sie fuhren die Water Street entlang. Ein großes Passagierschiff lag königlich im Hafen und beherrschte die ganze Szene. Die Passagiere der Kreuzfahrt überfluteten die Stadt, spazierten mitten auf der Straße herum und sahen sich die Schaufenster an.

Plötzlich entdeckte Wimbie Rod Bryson zwischen ihnen.

Er trat so hart auf die Bremse, daß Tom ihn fast mit dem Streifenwagen gerammt hätte. Wimbie riß das Steuer herum, sprang aus dem Auto und lief hinter dem Jungen her, der fast schon in der Menge verschwunden war. Heiliger Himmel, war er etwa auf dem Schiff gewesen? Wimbie drängte sich durch die Leute und legte dem Jungen die Hand auf die Schulter.

»Wo um Himmels willen hast du bloß gesteckt, Rod? Weißt du nicht, was für Sorgen sich alle um dich machen?«

»Ich war nirgends. Sie sind der Detektiv, nicht wahr? Hat meine Mutter Sie engagiert? Ist sie hier?«

»Du warst zwei Nächte lang nicht zu Hause. Du mußt doch irgendwo gewesen sein. Nein, deine Mutter ist nicht hier. Hast du das alles gemacht, um sie auf dich aufmerksam zu machen?«

»Ich muß wohl weggekommen sein«, sagte der Junge und sah ihn ausdruckslos an. Seine Augen wirkten glasig.

»Komm mit. Ich bringe dich zu den Kingsleys.«

Rod stieg ein. Wimbie schüttelte den Kopf und zuckte die Schultern für Tom, der sich unauffällig zurückhielt. Im Auto sagte der Junge kein Wort. Er drehte sich um und starrte aus dem Fenster auf die Touristen, die zurückstarrten und sich neugierig fragten, was hier los war. Ob sie gerade eine Verhaftung miterlebt hatten?

»Was willst du den Kingsleys sagen? Du hast ihnen große Sorgen gemacht.«

»Ich sage einfach, daß ich apportiert worden bin.«

»Würdest du meine Neugier befriedigen und mir sagen, wohin du apportiert worden bist?«

Der Junge schwieg.

»Du bist ein kluger Bursche. Du hast erraten, wer den Ring

genommen hat. Du hast dir gedacht, wer das Auto weggefahren hat. Wahrscheinlich hast du nicht nur den Sinn für Theatralik von deiner Mutter geerbt, sondern auch den Verstand deines Vaters.«

Keine Antwort.

»Das hübsche kleine Mädchen hat sich auch Sorgen gemacht.«

»Sie nimmt das alles viel zu ernst.«

Rod war also mehr an seiner Mutter als an Mädchen interessiert, dachte Wimbie. Aber es wurde nun einmal von ihm erwartet, daß er sich was aus Mädchen machte. Es gehörte zu dem Image, das die Leute von ihm haben wollten.

Evan Kingsley kam an die Tür, als sie vor dem Haus anhielten. Anscheinend hatte Tom ihn angerufen.

»Es war reiner Zufall«, sagte Wimbie. »Ich kann mir nichts darauf einbilden.«

»Unsinn. Sie haben sich sehr viel Mühe gegeben«, sagte Evan.

»Ich habe ihn nur auf der Straße gefunden. Vielleicht bekommen Sie mehr aus ihm heraus als ich.«

Evan legte den Arm um Rods Schulter und führte ihn ins Haus.

»Seine Mutter hat gerade angerufen«, sagte er. »Kurz nachdem Tom Lawson anrief. Ich habe ihr gesagt, daß du weggelaufen bist, inzwischen aber wieder zurück bist. Sie kommt am Donnerstag, um dich abzuholen.«

Der Junge lächelte.

Wimbie fuhr zu Toms Büro.

Jeb Stinton war alleine da. »Tom hat gesagt, er sieht sich mal das Haus von Jim Quimby an.«

Jim Quimbys Haus stand auf einer kleinen Anhöhe über dem Hafen. Als Wimbie eintraf, sah Tom gerade durch das Küchenfenster.

»Es war jemand hier«, sagte er. »Jim ist ein sehr ordentlicher Mensch, aber jetzt ist der Boden dreckig und auf dem Herd stehen gebrauchte Töpfe und Pfannen.«

»Rods Augen sahen merkwürdig aus. Er hat sich komisch bewegt. Ich glaube, er nimmt Drogen.«

Tom nickte. »Auf so einem Trip war er also. Einen Augenblick dachte ich, er wäre auf das Passagierschiff apportiert worden, aber wie hätte er das wohl schaffen sollen? Übrigens habe ich ganz vergessen, Doc Cameron zu fragen, was er neulich von Mabel hielt.«

»Sucht ihr den Jungen?« fragte jemand hinter ihnen.

Sie drehten sich um. Amos Thacher, groß und schmal, mit einem Gesicht wie ein Felsen, stand hinter ihnen.

»Ich habe den Schlüssel. Wollte grade saubermachen. Der Junge hat gesagt, er braucht was zum Schlafen. Vielleicht hat er was mit einem Mädchen, hab ich mir gedacht. Aber er hat gesagt, er will Gene eins auswischen, und da hab ich ihn gelassen. Ich kann doch nicht dazwischenfunken, wenn einer Gene eins auswischen will. Geschieht ihm ganz recht.«

Tom starrte ihn an. Es war die längste Rede, die er je von Amos gehört hatte. Und zwar in einer Sprache, die jeder verstehen konnte, sogar Wimbie.

Rod hatte allen eins ausgewischt, dachte Wimbie. Er hatte alle Register gezogen, um zu bekommen, was er wollte, und bis zum dramatischen Schlußakt alles genau ausgetüftelt. Aber er mußte noch ein gutes Stück erwachsener werden. Wimbie war froh, daß die Mutter des Jungen kam, um ihn abzuholen. Er wollte lieber nicht daran denken, was der Junge sonst vielleicht als Zugabe apportiert hätte. Oder wozu er Gene vielleicht getrieben hätte. Rod sollte Drehbücher schreiben. Vielleicht schrieb er später mal eins für seine Mutter, wenn er endlich erwachsen war.

Originaltitel: THE APPORTINGS, 11/85
Übersetzt von Brigitte Walitzek

L. A. Taylor

Die letzte Rose

»Geben Sie es zu«, forderte Lieutenant Fowler sie auf. Er stemmte seine behaarten Hände auf den Schreibtisch und richtete seine große, massige Gestalt auf, bis er die verängstigt dreinblickende, ältere Frau ihm gegenüber drohend überragte. »Fünfzehntausend Dollar sind eine große Versuchung für eine Frau in Ihrer Lage.« Er zählte die betrüblichen Einzelheiten ihrer Lage an seinen Fingern auf. »Zu alt, um Arbeit zu finden, eine kleine Sozialrente, kein Vermögen, darauf angewiesen, eine gehässige alte Vettel zu pflegen und umsorgen –«

Alma schluckte schwer und nickte schüchtern. »Aber ich habe sie nicht getötet, Sir«, unterbrach sie flehend. »Ich war zwölf Jahre, zwölf glückliche Jahre lang ihre Gesellschafterin, warum sollte ich sie jetzt töten? Ich wußte nichts von dem Geld, das sie mir hinterlassen hat.«

»Erwarten Sie von mir, daß ich das glaube?«

Erneutes schüchternes Nicken.

»Obwohl Sie die gesamte Korrespondenz für sie geführt haben?«

»Das war nur, weil sie seit dem letzten Schlaganfall nicht mehr selber schreiben konnte«, erklärte Alma. Ihre Stimme war dünn und hoch. »Sie konnte gut lesen, und mit ihrem Gedächtnis war nichts verkehrt. Ich nehme an, bei einem der Besuche von Mr. Mooney hat sie von ihm ein neues Testament aufsetzen lassen.«

»Vor sechs Monaten.«

»Ach, damals war das?« Alma blinzelte mehrmals mit geröteten Augen. »Warum sollte ich dann so lange gewartet haben? Das Geld war da, alles war genau, wie Sie es gesagt haben, und sie wurde mit der Zeit nicht umgänglicher. Bitte, Sie müssen mir glauben.«

»Muß ich das? Wieso?« fragte der Lieutenant mit erhobenen Augenbrauen. »Ich sehe nicht einen einzigen Grund dazu. Im Gegenteil, ich werde Sie verhaften und des Mordes an Rose Rianne anklagen, und zwar sofort.« Er zog eine zerknitterte Karte aus seiner Brieftasche und begann, ihr etwas über ihre Rechte vorzulesen, während Alma mit halbem Ohr zuhörte. Sie hielt sich an den einzigen Satz, den er langsam und deutlich genug ausgesprochen hatte, daß sie ihn verstehen konnte.

»Ich möchte Mr. Mooney anrufen«, bat sie.

Lieutenant Fowlers Augenbrauen schossen wieder in die Höhe. »Meinen Sie, er wird Ihnen helfen?«

»Natürlich wird er das«, sagte Alma. »Und außerdem ist er der einzige Anwalt, den ich kenne.«

Sie saß auf der Kante der schmalen Pritsche in ihrer Zelle, die verrunzelten Hände in die Achselhöhlen geklemmt, um sich die kalten Finger zu wärmen, als die dicke Aufseherin kam und ihr sagte, Mr. Mooney sei gekommen, um sie zu besuchen. Alma stand auf, glättete sorgfältig den Schoß ihres Rockes und folgte dann der Aufseherin den kurzen, hallenden Korridor entlang zur verschlossenen Gefängnistür. Der Schlüssel klickte im Schloß, und die Tür schwang weit auf. Alma holte tief Luft.

In diesem Gefängnis, das Teil der Polizeistation war, saßen die Besucher dem Insassen, den sie besuchen kamen, an einem breiten, einfachen Tisch mit einem Drahtgitter in der Mitte gegenüber. Mr. Mooney wartete auf der anderen Seite dieses Gitters und sah mit seinem gepflegten, silbernen Haar, dem blaugrauen Anzug und der hübschen, dezent gestreiften Krawatte sehr distinguiert aus. Alma lächelte ihm zu, ein schüchternes, den Umständen angemessenes Lächeln, und nahm auf der Kante des bereitstehenden, harten Stuhls Platz.

»Also, Alma, was soll das alles?« fragte der Anwalt in einem Ton, wie man ihn einem besonders lieben Kind gegenüber anwendet, das in unerwartete und bestimmt unverdiente Schwierigkeiten geraten ist. Er hörte eine Weile zu, während sie ein paar verwirrt klingende Sätze hervorzubringen versuchte und dann in Schweigen verfiel, als sie begriff, daß sie damit nichts erklärte. Dann begann er Fragen zu stellen, freundliche Fragen über den vergangenen Abend und diesen entsetzlichen, beängstigenden Morgen, die Alma beantwortete, so gut sie konnte. Als ihm die Fragen ausgingen, saß er eine ganze Zeitlang da, den rechten Zeigefinger an der Wange ausgestreckt und den Mittelfinger elegant unter seinem Mund gekrümmt, und starrte in die Ferne, während Alma ihre Finger ineinander verschlang und sie betrachtete, als gehörten sie jemand anderem.

»Ich glaube, ich verstehe«, sagte er bedächtig und schreckte sie auf. »Machen Sie sich keine Sorgen, Alma. Ich werde mit Fowler reden und sehen, ob er einer kleinen Untersuchung zustimmt, die mir vorschwebt. Sie bleiben in aller Ruhe hier.« Er grinste, wobei er einen goldgefaßten Vorderzahn zeigte, und hob den großen Schreibblock auf, auf dem er ihre Antworten auf seine Fragen notiert hatte. Die dicke Aufseherin kam und brachte Alma in ihre Zelle zurück, wo sie sich wieder auf die Kante der Pritsche setzte und angewidert ihre Umgebung musterte. Aber Mr. Mooney würde sie sicher bald hier herausholen. Sie verließ sich auf ihn.

Zwei endlose Stunden vergingen, bis die Aufseherin schlüsselklappernd zurückkam. »Den werden Sie brauchen«, sagte sie und hob den Arm, über dem sie Almas abgetragenen Wintermantel aus grünem Tweed trug. Almas Herz machte einen Sprung. Sie hatte gewußt, Mr. Mooney würde es schaffen! Und das schneller, als sie sich erträumt hatte. Aber als sie ihren Mantel angezogen hatte und aus der Zelle gelassen wurde, ließ dieser gemeine Lieutenant sie mit Handschellen an einen seiner Männer fesseln, und sie mußte auf den steilen Granitstufen vor dem Polizeigebäude aufpassen, um mit ihm Schritt zu halten, sonst riskierte sie, schmerzhaft am Handgelenk gezerrt zu werden, vielleicht sogar zu stolpern und hinzufallen. Hier, im Freien, hatten Almas blaßblaue Augen einen unbestimmbaren Ausdruck angenommen; sie zwinkerte häufig und räusperte sich gelegentlich, wie es viele alte Damen tun.

Am Fuß der Treppe wartete ein Polizeiauto, und sie alle – sie selbst, der Polizist, an den sie gefesselt war, Mr. Mooney und Lieutenant Fowler – stiegen ein. Wenige Minuten später fuhren sie an einer vertrauten Stelle an den Straßenrand. »Bringen Sie mich nach Hause?« fragte Alma, und sie klang verwirrt.

»Nicht für lange«, brummte Fowler. »Mr. Mooney glaubt, er kann etwas ausrichten. Aber ich sage Ihnen, Miss Weston, wenn eine alte Dame an einer Überdosis Schlaftabletten stirbt, und wenn die Frau, mit der sie zusammenlebt, fünfzehn Riesen erbt, dann lasse ich so schnell nicht locker.«

Sie stiegen alle aus dem Auto, was für Alma, an das Handgelenk des Polizisten gekettet, nicht ganz einfach war. Ihre Wangen brannten, als sie an dem Pförtner in seiner eleganten rotbraunen Uniform vorbeikamen. Er drehte sich auf dem Absatz um und schaute fort, anstatt sie freundlich zu grüßen, wie er es sonst immer getan hatte. Man stelle sich vor, ein Pförtner mißachtet mich, dachte sie und schrumpfte in sich zusammen. Nie hätte sie gedacht, sich jemals in einer solchen Lage zu befinden. Im Aufzug betete sie, daß niemand einsteigen würde, den sie kannte, während die Kabine geräuschlos aufwärts glitt.

»Ich habe gehört, Rose Rianne soll eine echte Schreckschraube gewesen sein«, bemerkte der Lieutenant.

»Lieutenant, bitte, hüten Sie Ihre Zunge«, sagte Mr. Mooney steif. »Wir haben eine Dame bei uns.«

Der Lieutenant warf Alma einen Seitenblick zu. »Okay, sagen wir, sie war wirklich anspruchsvoll. Hielt einen Tag und Nacht auf Trab, ohne jemals ›bitte‹ oder ›danke‹ zu sagen –«

»Oh, das stimmt nicht«, murmelte Alma. »Rose war anspruchsvoll, ja; sie war daran gewöhnt, daß man ihr viel Aufmerksamkeit schenkte, weil sie Schauspielerin war, aber sie sagte immer ›bitte‹.«

Mr. Mooney lachte. »Alma, Sie sind einfach süß!« rief er.

Der Aufzug hielt in der Etage, wo Alma zwölf Jahre lang als Gesellschafterin und Pflegerin der alten Dame gewohnt hatte, und sie stiegen alle vier aus und trotteten den Korridor entlang. Die Wohnungstür war mit Klebestreifen versiegelt, und ein Hinweisschild der Polizei war daran befestigt, aber Fowler riß den Streifen einfach ab und öffnete die Tür mit Almas eigenem Schlüssel, den man ihr vor Stunden abgenommen hatte. »Also los«, sagte er.

Alma und der Polizist setzten sich auf die rote Samtcouch, Mr. Mooney und Fowler nahmen auf den beiden seidenbezogenen Sesseln Platz. »Erzählen Sie mir noch einmal alles über gestern«, sagte Mr. Mooney zu Alma. »Fangen Sie mit der Nachmittagspost an. Vielleicht unterbreche ich Sie und stelle gelegentlich ein paar Fragen dabei.«

»Na schön.« Alma riß ihren Blick von dem schlanken Steinway-Stutzflügel los, der nach nur vierundzwanzig Stunden bereits mit einer Staubschicht überzogen war. »Gut.« Sie zwinkerte und biß sich auf die Lippen, während sie ihre Gedanken ordnete. »Nachdem die Post gekommen war, brachte ich sie zu Rose, öffnete sie für sie und so weiter – sie konnte zwar ihre Hände benutzen, aber sie hatte nicht genug Kraft, um einen Umschlag zu öffnen. Ein paar Minuten später rief sie mich wieder herein und war sehr aufgeregt. Einer der Briefe stammte von einem Anwalt in Oregon, der ihr mitteilte, daß eine alte Freundin von ihr gestorben war. Sie weinte den ganzen Nachmittag darüber, das arme Ding, und nichts, was ich auch tat, konnte sie aufheitern.«

»Wo ist dieser Brief jetzt?« unterbrach Fowler.

Alma blinzelte ihn an. »Ich weiß nicht«, sagte sie. »Unter den Papieren neben ihrem Bett, nehme ich an.«

Fowler sah in einer Liste in seinem Notizbuch nach. »Wir haben keinen derartigen Brief gefunden«, sagte er. Er beugte sich vor und starrte Alma an. »Wir haben also nur Ihr Wort, daß es ihn gab.«

Alma machte eine kleine flatternde Geste mit der linken Hand. »Er muß aber da sein«, protestierte sie. »Ich kann mir nicht vorstellen, wo er sonst sein sollte. Ich habe ihn nicht fortgeräumt, und Rose kann nicht – konnte nicht alleine aufstehen.«

»Fahren Sie nur fort, Alma«, sagte Mr. Mooney. »Machen Sie sich darüber keine Gedanken.«

»Etwa um neun bat sie mich, ihr ein Notizbuch zu holen, und ich nahm eins aus der Klavierbank und brachte es ihr. Sie sagte ›Nein, nicht dieses, das mit den 56 beliebten Liedern‹. Ich war ein bißchen überrascht, denn aus dem will sie kaum jemals etwas singen.«

»Singen?« meinte Fowler. »Ich dachte, sie hätte einen Schlaganfall gehabt!«

»Die Lähmung in ihren Beinen rührte von einem Autounfall vor vielen Jahren her«, erklärte Mr. Mooney. »Der Schlaganfall hat ihre Stimme nicht beeinträchtigt, nur ihre Arme geschwächt – der rechte war fast gänzlich gelähmt. Darum schrieb Alma in letzter Zeit alle Briefe für sie. Aber ihr Gehirn funktionierte wie eine Eins, das kann ich Ihnen bestätigen.«

»Was geschah dann?« fragte Fowler.

»Nun, ich brachte das Buch zurück und holte ihr das andere, und dann ging ich in die Küche.«

»Sie blieben nicht da, um sie singen zu hören?«

Alma lächelte verlegen. »Ich kann es nicht ertragen, wenn sie singt«, gestand sie. »Ihre Stimme ist nicht mehr das, was sie einmal war, wissen Sie, aber sie will partout singen. Ich finde, das Beste ist, in der Küche zu bleiben. Die hat eine schalldichte Tür.«

Mr. Mooney lächelte mit einem Ausdruck der Zufriedenheit. »Was hat sie gestern abend gesungen?«

Alma legte ihren Kopf schräg zur Seite und schaute ihn an. »Wissen Sie, jetzt, wo Sie es erwähnen, glaube ich, sie hat gar nicht gesungen. Ich habe sie jedenfalls nicht gehört, und ihre Stimme hat nie an Lautstärke verloren – sie mußte nur an den unpassendsten Stellen Luft holen und, na ja, sie klang halt krächzend, wie das bei alten Frauen nun mal so ist.«

Lieutenant Fowler hakte sofort nach. »Wenn sie nicht sang, warum fragte sie dann nach dem Buch?«

»Das weiß ich nicht.«

»Sicherlich erwarten Sie von Miss Weston nicht, daß sie Gedanken lesen kann!« meinte Mr. Mooney zu dem Lieutenant. »Rose gab nie eine Begründung für das an, was sie tat, obwohl ich in diesem Fall eine Idee habe.« Noch immer lächelnd, sagte er zu Alma: »Erzählen Sie mir, was als nächstes passierte.«

»Nun, kurz darauf klingelte es in der Küche, und ich ging wieder zu ihr hinein. Sie sagte, sie wolle früh schlafen, und bat um etwas Kakao. Also machte ich ihr eine Kanne fertig. Sie trinkt immer zwei Tassen, wissen Sie, aus der kleinen japanischen Teekanne, die so gut die Wärme hält. Ich gebe ihr die Kanne und eine Tasse, und sie kann selber mit beiden Händen einschenken. So machte ich es auch gestern abend. Dann legte ich ein Seconal bereit, so daß sie danach greifen konnte, wenn sie wollte. Ich las noch ein bißchen in meinem eigenen Zimmer, und nach einer Weile ging ich nach Rose schauen. Sie schlief, und ich ging selber zu Bett. Dann–« Almas Stimme brach, und sie biß sich auf die Lippen. »Als ich heute morgen aufstand –«

»Schon gut«, fiel ihr Mr. Mooney ins Wort. »Diesen Teil brauchen Sie uns nicht noch einmal zu erzählen.«

»Wie lange ging das schon so?« fragte Fowler. »Daß Sie ihr die Schlaftablette einfach hinlegten?«

»Oh, seit Jahren«, sagte Alma. »Ich weiß, es ist nicht richtig, ich hätte bei ihr bleiben und darauf achten sollen, ob sie die Tablette nahm, aber sie wollte es so. Und Rose – nun, sie erreichte immer, was sie wollte.«

Mr. Mooney nickte. »Da haben Sie also Ihre Gelegenheit«, meinte er zu Fowler. »Sie hätte die Tabletten aufsparen können.«

»Haben Sie jemals irgendwelche Pillen gefunden, die sie um ihr Bett herum versteckt hatte?« fragte Fowler.

Sie hätte gerne die Hände in ihrem Schoß zusammengelegt und gerungen, aber damit hätte sie auch die Hand des Polizisten in ihren Schoß gelegt, also konnte sie das nicht. »Nein, nie«, gab sie zu.

»Könnte sie die Tabletten vor Ihnen verborgen gehalten haben?«

Alma schwieg lange Zeit. »Ich glaube nicht«, sagte sie mit sehr leiser Stimme. Fowler warf Mr. Mooney einen triumphierenden Blick zu.

»Sehen wir uns das Zimmer einmal an.« Mr. Mooney klang ganz zuversichtlich. »Vielleicht finden wir etwas, das Sie bislang übersehen haben.«

»Es war kein Abschiedsbrief vorhanden, das weiß ich genau«, sagte Fowler. »Falls es das ist, was Sie denken.«

»Natürlich nicht«, sagte Mr. Mooney. »Sie konnte ja nicht schreiben, und es ist kaum anzunehmen, daß sie Alma darum gebeten hätte, oder?«

Sie gingen alle ins Schlafzimmer. Alma hörte, daß dem Polizisten neben ihr vor Erstaunen der Atem stockte. Nun ja, Roses Schlafzimmer war schon überwältigend – an den Wänden hingen in filigranen Goldrahmen Fotos von ihr in all ihren Rollen, geraffte Seidenvorhänge an den Fenstern und um das Bett, ein dicker, weicher Teppich, und selbst jetzt noch ein Hauch von Puder und Parfüm, obwohl Rose nicht mehr da war. Vier bequeme Sessel, mit Brokat bezogen, der zur Tapete paßte, warteten auf Gäste, und zu beiden Seiten des Bettes standen weiß-goldene Tischchen, jedes mit einer niedrigen Schublade für den Kleinkram, der sich jeden Tag ansammelte. Ja, es war leicht überwältigend. Alma kniff ihre Augen zu.

»Dann wollen wir mal sehen«, sagte der Anwalt. »Alles sieht ganz wie immer aus. Haben Sie gewöhnlich die Nachttische aufgeräumt, Alma?«

»Nein, Sir«, sagte sie. »Wir hatten eine Frau, die saubermachen kam.« Mooney stakste durch den Raum und zog die Schublade des Tisches links vom Bett auf.

»Aspirin«, verkündete er. »Brillenetui, eins von diesen Dingern mit Klappdeckel für ihre randlose Brille, Haarklammern, ein Lippenstift, Spiegel, Papiertücher –«

»Das wissen wir alles«, sagte Fowler ungeduldig.

Der Anwalt griff in die Schublade und nahm das Brillenetui heraus. »Was ist da wohl drin, wo ihre Brille doch auf dem Tisch liegt?« Er knipste den Deckel auf und schaute hinein. Ohne ein Wort zu sagen, hielt er das Etui zuerst Alma und dann Fowler unter die Nase. In den engen Raum, in den der untere Rand der Brille passen sollte, war eine Kapsel eingeklemmt.

»Eine von den Seconal-Kapseln«, rief Fowler erstaunt. »Wehe, wenn ich den erwische, der das übersehen hat!«

»Hier hat sie also die Tabletten aufbewahrt«, sagte Mr. Mooney. »Aber ich kenne Rose. Sie konnte zwar nicht schreiben, doch sie würde auf irgendeine Weise eine Botschaft hinterlassen. Und da sie nicht gesungen hat –« Er griff nach dem Notenband neben dem Bett. »Aha, was ist denn das?« Er schlug das Buch auf, und ein Brief fiel heraus.

»Na so was, das ist der Brief, den sie gestern erhalten hat!« rief Alma. »Aber warum hat sie ihn in das Buch gelegt?«

»Als Lesezeichen«, sagte Mr. Mooney. »Beim letzten Vers von ›Des Sommers letzte Rose‹. Soll ich ihn vorlesen?« Ohne eine Antwort abzuwarten, las er:

»Auch ich folge bald,
wenn Freundschaft vergeht
und aus der Liebe strahlendem Kreis
die edelsten Steine verblassen.
Wenn welk darniederliegen
die treuesten Herzen oder entfleucht sind,
oh, wer wäre wohl bereit, noch zu leben
alleine auf dieser freudlosen Welt?«

»Da haben Sie Ihren Abschiedsbrief, Lieutenant«, sagte er. »Sehr schlau, und ganz typisch Rose.«

»Ein Abschiedsbrief in einem Liederbuch?« fragte Fowler ungläubig. »Erwarten Sie von mir, daß ich das glaube?«

»Denken Sie darüber nach, Lieutenant«, sagte Mr. Mooney sanft, aber eindringlich. »Diese Frau hat ihre meisten Altersgenossinnen überlebt. Sie ist fast hilflos. Seit Monaten schon hamstert sie diese Kapseln nur zu diesem Zweck, während Alma denkt, sie nimmt sie, um besser schlafen zu können. Sie erhält die Nachricht, daß eine alte Bekannte, eine gute Freundin, gestorben ist – und es ist nicht einmal ein persönlicher Brief, es ist nur ein Schreiben von einem Anwalt! Niemand, den sie kennt! Sie bittet um das Liederbuch, nicht weil sie singen will – warum sollte sie singen wollen, wenn sie über diese Nachricht so betrübt war? –, sondern weil sie die Botschaft hinterlassen will, daß diese Tat ihr eigenes Werk ist und nichts mit Alma zu tun hat. Sie vertraute Alma, wissen Sie«, fuhr er fort, und seine Stimme nahm einen respektvollen, bedauernden Ton an. »Das war echte Zuneigung.«

Fowler warf Alma, die sich mit der linken Hand die Augen wischte, einen kurzen Blick zu und nickte. »Das klingt plausibel«, sagte er. »Sie haben sie gekannt, ich nicht, und ich sehe keinen Grund, Ihnen nicht zu glauben.« Er griff in seine Tasche und zog einen kleinen Schlüssel hervor, mit dem er die Handschellen aufschloß. »Kommen Sie, wir fahren zurück zum Revier und sorgen dafür, daß Sie offiziell freigelassen werden«, sagte er zu Alma.

Sie verschlossen und versiegelten wieder die Wohnungstür und stiegen in den Aufzug. Auf dem Weg nach unten begann Alma still zu weinen. Es wäre unpassend gewesen, jetzt glücklich auszusehen, doch es waren Freudentränen. Sie gratulierte sich selbst. Wie lang waren diese Monate gewesen, während sie das Seconal hortete, jedesmal wenn Rose es nicht nahm, und die eine Kapsel beiseite schaffte, die Rose fallengelassen hatte, falls jemand darauf kommen würde, von der Kapsel im Brillenetui Fingerabdrücke zu nehmen. Wie raffiniert von ihr, den Notenband mit dem Brief darin neben das Bett zu legen. Zu ihrem Schreck mußte Alma sich ein Kichern verkneifen. Rose hatte den Brief zum Fußende des Bettes geschoben und gesagt: »Schon wieder eine, die hinüber ist. Werfen Sie das fort, ja?« Und dann die Kapseln zu öffnen und das Pulver in den Kakao zu rühren, den sie extra süß und schokoladig gemacht hatte, wie Rose ihn gerne mochte. Und den wichtigtuerischen alten Mooney dazu zu bekommen, ihr Spiel mitzuspielen, ohne daß er es selber merkte. Fünfzehntausend Dollar!

Ich war schon immer eine bessere Schauspielerin als Rose, dachte sie und erstarrte. Oh, du lieber Gott! Sie hatte etwas vergessen!

Lieutenant Fowler spürte sie nur zehn Tage später in dem winzigen möblierten Zimmer auf. »Nun, Miss Weston«, sagte er, »es tut mir leid, aber ich muß Sie erneut verhaften, und ich glaube, diesmal kommen Sie nicht davon.«

Alma nickte. »Es war die Gelatine, nicht wahr?« fragte sie, als sie ihren Hut aufsetzte.

»So ist es«, bestätigte Fowler. Er half ihr in den Mantel, doch sein Gesicht in dem kleinen Spiegel auf der Innenseite der Tür wirkte grimmig. »Die Gelatine, die keine Spuren im Magen der alten Dame zurückgelassen hat. Auch nicht in der Teekanne oder der Tasse. Die Gelatine von den leeren Kapseln, die nicht in der Nähe des Bettes versteckt waren, weil die alte Dame nicht aufstehen konnte. Glauben Sie mir, wir haben gründlich gesucht.«

Alma nickte und biß sich auf die Lippen.

»Was haben Sie damit gemacht? Sind Sie ins Badezimmer gegangen und haben sie in der Toilette fortgespült?« fragte der Lieutenant.

»Ja«, gab Alma zu. »Dumm von mir, nicht wahr?«

Originaltitel: THE LAST ROSE, 12/85
Übersetzt von Wolfgang Proll

John Shea

Der Mann, der zu nett war

Als einziger Überlebender dieser merkwürdigen Begebenheit sollte ich mich vielleicht gleich zu Anfang kurz vorstellen. Als Sonderbeauftragter einer großen Elektrizitätsgesellschaft muß ich eine gewisse Vertraulichkeit wahren. Energiediebstähle sind nämlich ein tägliches Vorkommnis, und zwar in einem beträchtlichen Umfang, und ich habe weder die Befugnis noch den Wunsch, in bezug auf unsere Methoden und unser Personal allzusehr in Details zu gehen. Es genügt, an dieser Stelle zu sagen, daß meine Aufgabe hauptsächlich darin besteht, Schliche aufzudecken, mit denen meine Gesellschaft betrogen werden soll. Im allgemeinen ist meine Arbeit ziemlich langweilig, denn Betrüger sind nicht sehr phantasievoll, auch wenn die meisten von ihnen das Gegenteil meinen. Aber dieser Fall war anders – tragisch anders. Wenn nur, grübele ich vor mich hin, wenn nur –

Ich erfuhr zum ersten Mal von Mr. S. Abel, als unser Computer seinen Namen ausspuckte. Auf den ersten Blick schien alles klar: potentieller Energiediebstahl. In Mr. Abels unmittelbarer Umgebung gaben alle Familien bis auf ein paar Dollar ungefähr den gleichen Betrag für elektrischen Strom aus. In Anbetracht dieses fast identischen Verbrauchs überall um ihn herum war Mr. Abels extrem niedriger Konsum tatsächlich verdächtig. Aber Sie dürfen nicht denken, daß wir uns an dieser Stelle bereits ein Urteil erlaubten. Nein, wir sind fair. Bloß verdiente Mr. Abels Fall eben, daß man ihn genauer unter die Lupe nahm. Mr. S. Abel, 315 Locust Street. Den Computerausdruck in der Tasche, verließ ich mein Büro, stieg in meinen neutralen Firmenwagen und fuhr in Mr. Abels Straße. Trotz der langweiligen Gleichförmigkeit der meisten meiner Fälle empfinde ich immer einen gewissen Nervenkitzel, wenn ich mich zum ersten Mal auf den Weg mache. Dieses Mal war es nicht anders.

Das fragliche Haus wirkte in jeder Hinsicht normal. Erdgeschoß und erster Stock, ein kleiner Rasen vor und ein Garten hinter dem Haus. Keine illegalen Drähte verbanden Mr. Abels Haus mit der Hauptleitung oder einem anderen Haus in der Nähe. Er schien nicht zu »siphonieren«, wie wir intern dazu sagen. Aber natürlich war dieser erste, flüchtige Eindruck meinerseits noch lange nicht schlüssig. Er bedeutete nur, daß der Betrug, falls tatsächlich einer vorlag, etwas geschickter durchgeführt wurde als üblich. Ich parkte ein paar Häuser weiter und sah meine Unterlagen noch einmal durch. Es war ein ganz normales Stadtviertel mit den üblichen Einfamilienhäusern, wenig Verkehr, alten Bäumen, einer Spur Backsteinrot, einer Menge Betongrau, einem Hauch von Grün. Ein typisch amerikanisches Viertel eben, das mit amerikanischem Strom einwandfrei funktionierte. Meine Gesellschaft war es, die den Strom zur Verfügung stellte, und alle griffen herzhaft zu. Alle, bis auf Mr. Abel. Was war da bloß los? Ich will damit keineswegs sagen, daß man ohne Elektrizität nicht leben kann, aber in der heutigen Zeit und beim heutigen Lebensstandard mit all den vielen amerikanischen Produkten, mit denen so viele Haushalte ausgerüstet sind, kommt es einem zumindest seltsam vor, wenn eine monatliche Stromrechnung sich im Höchstfall auf zwei Dollar beläuft. Sicher, dieser Mr. Abel konnte ein Sonderling sein, dessen religiöse Vorschriften ihm den Gebrauch elektrischer Geräte untersagten – aber ich war skeptisch. Sein Haus unterschied sich in nichts von den anderen.

Lassen Sie mich die weniger spannenden Teile meiner Ermittlung auslassen und gleich zur Beschreibung der anderen Charaktere übergehen, die in dieser merkwürdigen Geschichte eine Rolle spielen. Der erste Nachbar, den ich aufsuchte, war nicht sehr hilfsbereit und schien Abel nicht sehr gut zu kennen. »Netter, ruhiger Mensch«, erfuhr ich. »Keine Klagen.« Der zweite reagierte ähnlich. »Abel? Nein, kenne ich nicht sehr gut. Ruhig und freundlich. Scheint ein netter Kerl zu sein.« Aber im nächsten Haus hatte ich mehr Glück.

Mrs. Arlene Davis, geschieden, blond, etwa fünfzehn Pfund Übergewicht, gesprächig (sehr erfreulich für unsere Zwecke), freundlich, Mutter von zwei Kindern.

»Oh, Sie meinen *unseren* Mr. Abel. Komisch, daß Sie fragen. Wir haben schon seit Monaten ein Auge auf ihn, praktisch seit er in die 315 eingezogen ist.«

Tatsächlich? Wieso?

»Oh, eigentlich rede ich nicht gerne über die Nachbarn – aber wenn es eine offizielle Untersuchung ist – Er ist merkwürdig, daran gibt es keinen Zweifel. Es ist uns allen gleich aufgefallen.«

Merkwürdig? Inwiefern?

»Nun ja, erst wußte ich selbst nicht so recht. Aber irgend etwas an ihm war anders – ich wußte nur nicht genau, was. Und dann saßen Mrs. Morgan und ich eines Tages bei einer Tasse Kaffee, und da kam ich drauf, was es war. Er ist zu nett.«

Zu nett? Wie das?

»Ach, Sie wissen schon, einfach zu nett, um wahr zu sein. Er ist nie unfreundlich, nie ein barsches Wort oder eine kühle Antwort – nicht etwa, daß ich ihm Grund zur Unfreundlichkeit geben würde. Aber er ist zu nett! Wie zum Beispiel, als ich mir seinen Toaster ausleihen mußte. Na ja, hinterher wollte ich ihn feucht abwischen, und dabei ist er mir ins Spülwasser gefallen. Es hat fürchterlich gekracht und gezischt, und dann der Qualm! Etwas so Gefährliches dürfte eigentlich nicht unter die Leute gebracht werden.«

Also besitzt er wenigstens ein elektrisches Gerät, oder besaß eines, besser gesagt. Ich bemerkte zu Mrs. Arlene Davis, daß man mit derartigen Gegenständen vorsichtig umgehen müsse und daß man das große Geschenk der Elektrizität nicht ohne die gebührene Vorsicht behandeln dürfe.

»Wahrscheinlich haben Sie recht. Aber kein Wort von Mr. Abel, als ich ihm den Toaster zurückbrachte. Ich sage Ihnen, er ist zu nett.«

Zu nett. Ich unterstrich das Adverb. Vielleicht würde der nächste Informant mehr Licht in die Sache bringen. Bisher war Abels Ruf zwar interessant, aber noch irrelevant für mich.

Mrs. Virginia Morgan, Witwe, Anfang Sechzig, gefärbtes Haar, strenges Gesicht, Augenbrauen gezupft und nachgestrichelt, unverkennbar eine Menschenfeindin mit einer Vorliebe fürs Schnüffeln (ebenfalls sehr hilfreich für uns).

»Was sagten Sie noch einmal, sind Sie – Ach so, ja. Ich wüßte nicht, welches Recht ich hätte, Beweise zurückzuhalten.«

Beweise? Was für Beweise?

»Schlüssige. Schlüssige Beweise. Der Mann ist ein Heuchler und vielleicht sogar gefährlich.«

Inwiefern?

»Sehen Sie ihn sich doch nur an! Jeder Dummkopf könnte Ihnen sagen, daß etwas Böses hinter diesem Lächeln liegt, hinter diesem affigen Grinsen. Aber mich kann er nicht täuschen.«

Aber Beweise?

»Vor ein paar Wochen haben so ein paar junge Strolche ihm die Batterie aus seinem neuen VW gestohlen. Ich habe alles von meinem Fenster aus beobachtet. Und was hat er dazu gesagt? ›Ein harmloser Dummejungenstreich, Mrs. Morgan. Ich kann mir doch überall eine neue Batterie besorgen.‹ Stellen Sie sich das einmal vor! Wenn diese Verbrecher das mit meinem Auto gemacht hätten, hätte ich sie mit dem Gewehr meines verstorbenen Mannes die Straße hinuntergejagt.«

Soso.

»Und in der ersten Woche, als er hier einzog, hat Luvums ihn gebissen, und er hat keinen Ton dazu gesagt. Im Gegenteil. Er hat *mir* eine Entschuldigung geschickt und mich zum Essen eingeladen.«

Luvums?

»Mein Schnauzer. Er kann Heuchler auch nicht leiden. Dürfte ich Ihre Karte noch einmal sehen, Mr. –«

Hatte sie Mr. Abel besucht?

»Sind Sie verrückt? Ich traue dem Kerl nicht über den Weg. Wahrscheinlich hätte er mich ermordet oder vergewaltigt. Oder mich erst vergewaltigt und dann ermordet.«

Hatte Mr. Abel sich denn je gewalttätig gezeigt?

»O nein, dieser Fuchs doch nicht. Doch nicht in der Öffentlichkeit. Dafür ist er viel zu gerissen. Aber Sie brauchen nur zu hören, was er so sagt. ›Schönes Wetter, nicht wahr, Mrs. Morgan?‹ und das, wenn die Wolken am Himmel so schwarz sind wie das Pikas. ›Kann ich Ihnen etwas aus dem Supermarkt mitbringen, Mrs. Morgan?‹ Das hätte mir gerade noch gefehlt. Und sich hinterher in mein Haus einladen und meine Sachen beglotzen – nein, nein, so ein Schleimer kommt mir nicht ins Haus. Fragen Sie Chalmers, wenn Sie ein paar saftige Geschichten hören wollen. Da werden Sie staunen.«

Vince Chalmers, etwa zweiunddreißig, verheiratet, ein Kind, Versicherungsvertreter, eine Leidenschaft für Sport, hauptsächlich als Zuschauer, nicht als aktiver Teilnehmer, trinkt ganz gerne ein Bier, taut nach dem dritten auf. (Rechnung an Spesenabteilung.)

»Na klar, Abel, der ist nicht ganz richtig im Kopf, wenn Sie es unbedingt wissen wollen. Ich will zwar nicht schlecht über die Leute reden, aber der Kerl ist einfach zu nett. Macht mich nervös, im Ernst. Mir soll es nur recht sein, wenn er nett sein will, aber er treibt es zu weit. Wissen Sie, was letzten Monat passiert ist? Ich und Jerry, das ist mein Sohn, und Abel haben uns ein Spiel im Garden angesehen. Auf dem Rückweg werden wir im U-Bahnhof überfallen. *Überfallen*! Ich gebe denen natürlich sofort meine Brieftasche, aber Abel fängt an, ihnen vorzupredigen, daß sie doch nicht den Weg des Verbrechens einschlagen sollen. Sie sagen, er soll mit dem Gefasel aufhören und die Knete rüberschieben. Das tut er dann auch, aber erst entschuldigt er sich dafür, daß er nur zehn Dollar dabei hat. Sie hätten mal die Gesichter von den Kerlen sehen sollen! Jedenfalls zieht der eine ihm eins über den Schädel, und weg sind sie. Ich renne rum wie ein Verrückter und schreie nach der Polizei, aber er sitzt einfach nur da, wischt sich das Blut ab und sagt, daß es okay ist. Okay? Klar ist es okay, genauso okay wie Pearl Harbor. Es war doch nur ein lächerlicher Zehner, sagt er. Klar, klar, und eine hübsche kleine Narbe zum Dank für die Mühe.«

(Identifizierte Narbe? Fotos überprüfen.) Sonst noch etwas?

»Wie schon gesagt, ich bin in der Versicherungsbranche, verdiene ganz gut, kann nicht klagen. Jedenfalls denke ich, ich probiere es mal bei meinem neuen Nachbarn, man kann ja nie wissen. Sicher, sagt er, machen Sie ruhig alles, Unfall, Haftpflicht, Hausrat, die ganze Chose. Ich mache alles fertig, aber Sie wissen ja, wie es ist: Man kommt nicht gleich dazu, und die Papiere bleiben ein Weilchen liegen. Jedenfalls legt eine alte Dame sich bei Glatteis vor seinem Haus hin und bricht sich ein Bein, aber er ist ja versichert, richtig? Falsch, weil ich es verbummelt habe. Aber geht er etwa in die Luft, als ich es ihm sage? Nein. Kein Muckser. Und wissen Sie was noch? Am selben Tag wirft ein Kind einen Schneeball durch sein Fenster. Was für eine Schweinerei! Überall Glas, und ein alter Läufer ist ruiniert. Wieder mein Fehler, daß er nicht versichert ist, das gebe ich zu. Ich bin nicht vollkommen, habe ich auch nie behauptet, aber er lächelt nur. Sagt, ich soll mir keine Gedanken machen. Wenn ich an seiner Stelle gewesen wäre, hätte ich erst mich umgebracht und mir dann den kleinen Lausejungen geschnappt, der es getan hat.«

Er war also in Abels Haus.

»Zwei oder drei Mal. Aber nur im Wohnzimmer. Ich denke, ich nehme jetzt noch ein Bier.«

War ihm etwas Ungewöhnliches aufgefallen?

»Nein, bloß daß er sehr darauf bedacht war, daß ich nur in diesem einen Zimmer blieb. Ich hätte mir gerne den Keller angesehen, hätte gerne gewußt, ob er auch diesen Schimmel an den Wänden hat wie ich. Verdammtes Zeug, ich kriege es einfach nicht weg. Keine Ahnung, wo es herkommt.«

Keller, aha! Vielleicht war Mr. Chalmers wirklich eine Hilfe.

»Ich habe die Tür probiert, als er in der Küche war, um uns ein Bier zu holen, aber er hat mindestens fünf Schlösser dran. Fünf gottverdammte Schlösser! Wahrscheinlich bewahrt er da unten die Kronjuwelen auf.«

Tatsächlich? Und was hat Mr. Abel gesagt?

»Oh, irgend so eine halbgare Geschichte über Rattengift.«

Oder vielleicht eine illegale Energiequelle? Stahl dieser Mr. Abel, dieser netteste aller Menschen, methodisch elektrischen Strom von meiner Gesellschaft? Mit Hilfe eines Apparates, den er im Keller versteckt hielt? Obwohl ich versuche, keine vorschnellen Urteile zu fällen, empfand ich doch, daß aus der Möglichkeit allmählich eine Wahrscheinlichkeit wurde. Toaster, wahrscheinlich auch ein Kühlschrank für das Bier, für das Mr. Chalmers eine solche Vorliebe hegte, sicher Lampen und wie viele andere Geräte noch? Jedenfalls mehr als mit einem Verbrauchswert von nur zwei Dollar, vermutete ich. Und seine Freundlichkeit, sein Gleichmut, sein Bemühen, nur ja kein Mißfallen und keinen Unwillen zu erregen? Alles nur Theater, um kein Mißtrauen zu erwecken, den Nachbarn den Wind aus den Segeln zu nehmen? Aber vielleicht war er zu weit ins andere Extrem verfallen. War tatsächlich *zu* nett. Nach all diesen Gesprächen beschloß ich, meine Untersuchung auszudehnen und gleichzeitig meine Beziehung zu den drei Informanten auszubauen. Alle drei willigten ein, mir zu helfen. Mrs. Morgans Reaktion war am enthusiastischsten. Sie würde alles tun, um den heuchlerischen Bastard festzunageln. Und Luvums würde auch mithelfen.

Am nächsten Tag, als Mr. S. Abel auf seinem Weg nach Manhattan die U-Bahn bestieg, stieg ich mit ihm ein. Zur Tarnung trug ich eine falsche Nase und einen buschigen, braunen Schnurrbart. Innerhalb von Minuten war die Szene fast unerträglich geworden, und ich dankte meinem Schöpfer, daß meine Arbeit normalerweise keine derart anstregenden und fragwürdigen Aktivitäten von mir verlangte. Ich versuchte, den Abstand zwischen mir und Abel nicht größer als zwei Meter werden zu lassen, aber das war schwierig. Welch eine Tortur! Vor mir stand ein mächtiger, grimmiger, leise vor sich hin stinkender Bauarbeiter, der um jeden verfügbaren Millimeter Standfläche kämpfte und dabei, wenn nötig, seinen blechernen Henkelmann als Rammbock einsetzte. Hinter mir stand eine knochige, ebenfalls grimmige, überparfümierte Dame, Typ Chefsekretärin, die mir jedesmal, wenn der Zug seine Fahrt verlangsamte, die Hand in den Rücken bohrte, um ihr Gleichgewicht zu halten. Zu beiden Seiten standen weitere Passagiere mit grimmigen Gesichtern, die stur vor sich hinschwankten, was ihrer Würde leichten Abbruch tat, während der Wagen über die Schienen rumpelte. Wir wurden geschubst, gestoßen, gerammt, gedrückt, gezogen, gezerrt, mit Ellbogen, Knien und anderen Körperteilen bedrängt, und mußten zu all dem darauf achten, daß wir nicht umkippten. Und doch sah ich, trotz allem Brummen, Stöhnen, Fluchen, Schimpfen und Seufzen der anderen Passagiere, daß ein Lächeln um Abels Lippen spielte. Es war nicht ganz geheuer. Unverständlich. Oder lächelte er vielleicht, während er im Geiste jeden ungehobelten Klotz im U-Bahn-Wagen langsam zu Tode quälte? Das wenigstens wäre verständlich gewesen.

Kreischend und ruckend hielt der Zug an, und während die Passagiere wie ein einziges, hilfloses Wesen gefährlich schwankten, glitten die Türen auf. Es war die erste Station im mittleren Manhattan.

Mr. Abel, zu dicht an der Tür, ging im wütenden Ansturm der gereizten Menschenmenge unter. Als ich sah, daß er aus dem Zug gerissen wurde, gelang es mir, ebenfalls auszusteigen. Die Türen schlossen sich hinter mir. Abel rappelte sich vom dreckigen Boden des Bahnhofs hoch und machte sich daran, einen fleckigen rosa Kaugummi von seinem Hosenboden zu zupfen, der jedoch tapfer Widerstand leistete.

»Das ging ja wieder einmal hart zu«, sagte ich beiläufig und blieb bei ihm stehen.

»Das kann man wohl sagen. Zu dumm, daß ich schon hier aussteigen mußte. Jetzt verpasse ich bestimmt meine Verabredung.«

»Nehmen Sie doch ein Taxi. Auf die kann man sich gewöhnlich verlassen.«

Er zuckte die Schultern und lächelte sanft. »Das würde ich ja gerne, aber anscheinend hat sich jemand im Gedränge mit meiner Brieftasche aus dem Staub gemacht.« Er bückte sich und entfernte eine noch glühende Zigarettenkippe aus dem Aufschlag seiner Hose. Sie hatte ein kleines Loch in den Stoff gebrannt.

»Eine Unverschämtheit«, bemerkte ich, ohne sein Gesicht aus den Augen zu lassen. »Rauchen ist in der U-Bahn verboten!«

»Ja, es ist wirklich zu dumm, nicht wahr?«

»Es ist gegen die Vorschriften«, sagte ich mit besonderer Betonung auf dem letzten Wort, wobei ich sein Gesicht aufmerksam beobachtete, um selbst das leiseste Anzeichen von schlechtem Gewissen zu erkennen. Nichts. Seine Augen blieben so ruhig und aufrichtig wie eh und je. Ich schüttelte den Kopf. Offensichtlich hatte ich es mit einem Meister zu tun. Niemand war ohne Motiv so nett, ohne einen profitablen Grund. Was verbarg er? Was bezweckte er mit dieser Maskerade?

Er steckte die Hände in die Hosentaschen, blieb gleichmütig stehen, um auf den nächsten Zug zu warten, und fing an zu pfeifen. Ich spürte, wie meine Zähne sich aufeinanderpreßten. Was für ein Schauspieler! Fast mußte ich ihn bewundern. Aber keine Sorge, Mr. S. Abel, ich kriege Sie schon noch. Wenn Sie uns betrügen, kriege ich Sie. Darauf können Sie sich verlassen.

Wieder im Büro, studierte ich die Daten, die der Computer zusammengestellt hatte. Vorherige Adresse: 425 Riverside Drive. Bestimmt einen Besuch wert, dachte ich. Warum war er umgezogen? Unglücklicherweise war damals in der Miete Gas und Strom enthalten gewesen, so daß ich leider nicht feststellen konnte, wie hoch sein Energieverbrauch dort gewesen war. Aber dennoch einen Besuch wert.

Hernandez, der Hausmeister, schien gerne bereit, mit mir über Mr. Abel zu reden, und er äußerte sich mit einigem Enthusiasmus. »Toller Kerl, toller Kerl, dieser Mr. Abel. Der Mann hat mir nie irgendwelchen Ärger gemacht, nicht mal bei dem Feuer.«

Feuer?

»Klar, Mann, nichts davon gehört? Ein paar Mülltüten im hinteren Lift haben auf seinem Stockwerk Feuer gefangen, und fast wäre das ganze Gebäude hin gewesen.«

Wie konnten die Mülltüten denn Feuer fangen?

»He, Mann, keine Ahnung. Keiner weiß das.«

War der Müll schon lange im Lieferantenaufzug?

»He, wer soll das denn wissen, Mann? Hören Sie, ich muß mich um ein ganzes Haus kümmern, da hat man nicht immer Zeit für das Zeug.«

War der Schaden groß?

»Nur auf Mr. Abels Stock. Seine und noch zwei andere Wohnungen. Völlig ausgebrannt. Sie hätten es sehen müssen, und was die Schläuche dann außerdem noch anrichteten. Heiliger Himmel. Die Schläuche hatten soviel Saft drauf, daß die Wände fast umgekippt wären.«

Mr. Abel erlitt also schwere Verluste?

»O Mann, das hätten Sie sehen sollen – seine ganzen Möbel gebraten – schwarz und rauchend wie ein Haufen verkokelter Big Macs. Ich wollte meinen Augen nicht trauen. Und seine Klamotten, auch alle hinüber. Es hätte mich umgebracht, wieder ganz von vorn anfangen zu müssen. Und den Kork hätten Sie sehen sollen!«

Kork? Das war ein interessantes Detail.

»Klar, Mann, Sie wissen doch, was Kork ist. Wie das Zeug, das man in Flaschen stopft, damit der Wein drin bleibt. Verstanden? – Na, jedenfalls hatte er sein Schlafzimmer mit dem Zeug verkleidet, Mann, reichlich merkwürdig, wenn Sie mich fragen, aber mir soll es recht sein, völlig egal. Die Geschmäcker sind verschieden, was soll's. Er kann schließlich da drin machen, was er will, Mann, das geht mich schließlich nichts an. Das hier ist ein freies Land, Mann. Da ist zum Beispiel Miss Peterson aus Nummer 404. Sage ich vielleicht was über ihren Lederfimmel, he, mit Ketten und allem, sage ich vielleicht was? Und dabei jammern *ihre* Nachbarn mir ständig die Ohren voll.«

Aber Mr. Abels Nachbarn nicht? Interessant. Der Kork muß als Schutz gedacht gewesen sein. Um Geräusche zu dämpfen? Leitet Kork? (Von O'Brian nachprüfen lassen. Rechnung an Milly. Experten sind heutzutage nicht billig.) Wie hat Mr. Abel es aufgenommen?

»O Mann, locker, locker, Mann. Ich zum Beispiel wäre die Wände raufgegangen und hätte alles zusammengeschlagen. Aber er zuckt nur die Schultern und fängt an aufzuräumen. Komisch, aber mir soll es recht sein. Wenn nur alle so wären. Die anderen, die haben geheult und gebrüllt und sind durch die Gegend gerannt, als gäbe es kein Morgen mehr. Mrs. Harrison hätten Sie hören sollen! Hat die vielleicht Sachen über den lieben Gott gesagt! Aber Mr. Abel, der blieb ganz ruhig und kratzte die Reste zusammen.«

Irgendwelche anderen merkwürdigen Einzelheiten? War er oft in der Wohnung?

»Oft, nicht so oft – schwer zu sagen, Mann, Wie schon gesagt, er hat sich nie beschwert, also hatte ich keinen Grund. Er hatte ein Extra-Schloß an der Schlafzimmertür, da kam ich also nicht rein – Merkwürdig? Meinen Sie pervers? Wie zum Beispiel wegen dem Kork? Kann ich nicht sagen, keine Ahnung. Bei mir gab's keine Klagen, und wie gesagt, das hier ist ein freies Land.«

Nichts sonst? Hatte er vielleicht ungewöhnliche elektrische Geräte gesehen?

»Ich glaube, er stand auf Sonne.«

Konnte er das näher erläutern?

»Ich weiß nicht. Er hatte so Metallreflektoren, wie man sie benutzt, um schneller braun zu werden.«

Mr. Abel wirkte nicht sehr sonnengebräunt. Eher im Gegenteil, er kam mir recht blaß vor.

»He, Mann, da haben Sie recht. Wenn ich es mir überlege, haben Sie recht. Aber was zum Teufel hat er dann mit dem Krempel gemacht?«

Eine ausgezeichnete Frage, Mr. Hernandez, eine wirklich ausgezeichnete Frage. Sonnenreflektoren? Oder ein Gerät zur Speicherung von Sonnenenergie? Mr. Hernandez schien sich auch noch an Kabel zu erinnern, als ich weiterbohrte. Wohin? Woher? Von den Reflektoren? Aber Kork? Was hatte das damit zu tun? Und was konnte Abel in seiner Wohnung schon machen? Er hatte keinen Zugang zum Dach. Fenster zwar mit Sonne, aber nur kurze Zeit. Wirklich sehr merkwürdig. Wir hatten es mit einem Meister zu tun, das stellte sich immer deutlicher heraus.

Meine drei Nachbarn konnten wenig weitere Informationen liefern. Offensichtlich hatten sie sich gegenseitig konsultiert und ihre Eindrükke miteinander verglichen. Mrs. Morgan sagte erneut, Abel sei »bei weitem zu nett«. Es würde sie nicht im geringsten überraschen, wenn herauskommen sollte, daß er in der Vergangenheit jemanden ermordet hatte. Vince Chalmers, der offenbar gerade aus dem Kino kam, erging sich in der Vermutung, Mr. Abel sei eine Art »Wesen von einem anderen Stern«, das sich nur als Mensch ausgab. Oder kam er gerade von einem Geschäftsessen und hatte zu viele Martinis intus? Mrs. Arlene Davis, vielleicht von Chalmers inspiriert, vertraute mir an, ein so netter Mensch müsse eine fürchterliche Vergangenheit haben. »Glauben Sie, er könnte Hitlers Sohn sein?« Ich antwortete, das wisse ich nicht. Aber gegen Ende unserer Unterhaltung hatte ich meinen Plan gefaßt.

»Ich soll *was* tun?«

»Nur einen oder zwei Cocktails, das ist alles. Ich bitte Sie, ihn heute abend einzuladen und vielleicht eine halbe Stunde mit ihm zu plaudern. Ist das zuviel verlangt?«

»Ich weiß nicht – Er ist nett, das sicher, aber – zu nett. Unheimlich. Und was, wenn er unverschämt wird?«

»Mrs. Davis, hat er je auch nur vermuten lassen, daß er unverschämt werden könnte? Sagten Sie nicht gerade selbst, daß er zu nett ist? Denken Sie an Ihre Stadt, an die Menschen in dieser großartigen Stadt. Denken Sie an unser großartiges Land. Ist das zuviel verlangt? Dreißig Minuten? Unser aller Dank wäre Ihnen gewiß.«

»O je, na schön, ich mache es. Dreißig Minuten.« Sie berührte ihren blonden Haarknoten und sah sich nach einem Spiegel um. »Und wenn er nicht kommt?«

»Dann haben Sie jedenfalls Ihre Pflicht getan, Mrs. Davis. Vielen Dank.«

Es war eine etwas knifflige Situation, aber ich war sicher, daß die Jungs von oben mich in diesem Fall voll unterstützen würden. Bei meinen Erfolgen gab es gar keinen Zweifel. In kniffligen Situationen das Richtige tun. Auch mal auf ungewöhnliche Maßnahmen zurückgreifen. Zum Wohle aller. Als ich an jenem Abend sah, wie die schlanke Gestalt von Mr. S. Abel über den Rasen auf das Haus von Mrs. Davis zuschlenderte, einen kleinen Strauß Maßliebchen in der Hand, war ich bereit. Ich war ganz in Schwarz gekleidet und trug eine Wollmütze auf dem Kopf. Mein Gesicht war mit (welche Ironie) angesengtem Kork geschwärzt. Ich hatte eine kleine Werkzeugtasche über meine Schulter geschlungen. Wie eine Katze schlich ich mich zur Hintertür von 315 Locust Street an, sah auf meine Uhr und machte mich an die Arbeit. Die Tür gab fast unverzüglich nach. Ich hatte meinen Plan und eilte, ohne mich lange aufzuhalten, auf die Kellertür zu. Vince Chalmers hatte übertrieben, jedoch nur leicht: Es waren nur vier Schlösser an der Tür, aber jedes einzelne sah solide und verläßlich aus. Doch ich war vorbereitet. Lassen Sie mich die uninteressanten Einzelheiten erneut überspringen und meine Erzählung an der Stelle wiederaufnehmen, wo ich die Kellertreppe hinter mich gebracht hatte und unten im Keller stand.

Der Raum war ebenfalls mit Kork ausgeschlagen. Ich klopfte an die Wand, aber es war nur ein gedämpftes Geräusch zu hören. Ein kluger Versuch, den Raum schalldicht zu machen? Meine Aufmerksamkeit richtete sich jedoch hauptsächlich auf die merkwürdig laborähnliche Einrichtung. Da gab es mehrere Apparaturen, die sogar mir völlig neu waren, Schläuche, Meßbecher, Pipetten, Filter, Drähte, die alle einen unergründlichen Zweck erfüllten, aber was mich am meisten interessierte, waren zwei große, glänzende Metallschirme, die den Raum beherrschten. Sie standen im rechten Winkel zueinander, und dazwischen ein einfacher Stuhl. Sie erinnerten mich an die Metallschirme, die das Licht der Sonne auffangen und den Prozeß einleiten, der zur Erzeugung von Sonnenwärme nötig ist. Aber diese hier schienen feiner, empfindlicher, fast wie aus Metallfolie gemacht. Ich berührte einen der Schirme. Vielleicht war es nur Einbildung, aber ich glaubte zu sehen, daß das Metall sich weniger als einen Herzschlag lang rötlich färbte. Beide Schirme waren über elektrische Kabel mit einem merkwürdigen transparenten Behälter verbunden, der mit Wasser gefüllt zu sein schien. Wieder ähnlich den Systemen zur Solarheizung, die ich gesehen hatte, aber gleichzeitig viel einfacher und viel sonderbarer. Die verwirrendste Frage: Wo war das Sonnenlicht? In diesem Raum gab es keine Spur von einer Licht- oder Wärmequelle. Vielleicht, dachte ich, gibt es Papiere, die mir verstehen helfen, wie das System funktioniert. Ich flitzte zu einem kleinen Tisch an der hinteren Wand, und mein Blick fiel auf etwas Weißes. Ja, das waren Papiere. Aber sie halfen mir nicht weiter. Zum größten Teil stand reiner Nonsens darauf. »Schon mit Deus Amor versucht?« las ich auf einer Seite. Lateinisch, das war mir klar. Gottesliebe? Liebesgott? Was zum Teufel? Vielleicht hatte Hernandez doch recht und Abel hatte sich auf irgendeine dubiose sexuelle Aktivität spezialisiert. Auf dem nächsten Blatt war eine Zeichnung, die vielversprechender schien. Offensichtlich war es eine Skizze des eigenartigen Systems hier im Zimmer. Aber was hatte das achtlos hingekritzelte Männchen auf der Zeichnung zu suchen? Sein Mund schien offen zu sein? In Ekstase? Teufel, dachte ich, warum können diese Leute nicht besser zeichnen? Aha! Ein paar hingekritzelte Zahlen und Formeln unter der Zeichnung. Mit grimmiger Genugtuung erkannte ich, daß eine davon etwas mit einem Grundgesetz der Thermodynamik zu tun hatte. Das nächste

Blatt war gleichermaßen unverständlich. Es war vollgeschrieben mit Auszügen aus etwas, das *Dhammapada* hieß. Die Schrift war fast unmöglich zu entziffern. Und dabei geben wir in New York Unmengen von Geld für Schulen aus. Ein schönes Beispiel, das diese sogenannten Intellektuellen einem bieten. Was zum Teufel war das *Dhammapada?* Hernandez' Theorie schien mir immer plausibler. Höchstwahrscheinlich war dieses seltsame Buch etwas ähnliches wie das Kamasutra, eine erschöpfende Beschreibung von Hunderten und Tausenden von Positionen beim Geschlechtsverkehr. Ich konnte meinen Abscheu kaum verbergen und überflog die Seite nur auf der Suche nach verräterischen Phrasen. Vielleicht war es ein Code? Aber allein die Schrift war schwierig genug. Es gelang mir, ein Zitat mit ziemlicher Sicherheit zu entziffern: »Denn Haß hört niemals durch Haß auf hier in unseren Tiefen: Haß endet durch Nicht-Haß; dies ist ein ewiges Gesetz.« Gesetz, hieß das tatsächlich Gesetz? Es gibt auch andere Gesetze, Mister, einschließlich Gesetzen zum Schutz vor Betrug und Diebstahl. Und ich war entschlossen, den einfallsreichen Mr. Abel der Gerechtigkeit zuzuführen. Es konnte jetzt kaum noch Zweifel geben. Ich hielt in den Händen eine Stromrechnung neueren Datums, auf der der fällige Betrag rot umrandet war. Zweimal. Er machte sich also auch noch über uns lustig, was?

Die Zeit war schnell vergangen. Zu schnell. Ich erinnerte mich daran, einen Blick auf meine Uhr zu werfen und sah, daß bereits fünfundzwanzig Minuten verstrichen waren. Bestimmt war Mrs. Arlene Davis nicht geschickt genug, Abel über die vereinbarte Zeit hinaus festzuhalten. Zweifellos zählte sie bereits jetzt die Minuten und wartete darauf, ihn hinauskomplimentieren zu können. Jedenfalls mußte ich sofort gehen. Es war noch zu früh, Mr. S. Abel gegenüberzutreten. Das mußte warten, bis ich Gelegenheit hatte, diesen merkwürdigen Raum genauer in Augenschein zu nehmen. Denn ich war mir immer noch im unklaren über die genaue Methode des Betrugs. In einer Ecke des Zimmers schien sich ein Karton mit großen, Einmachgläsern ähnlichen Glasbehältern zu befinden. Hatten diese Behälter auf irgendeine Weise mit den geheimnisvollen Metallschirmen zu tun? Aber für den Augenblick hieß es Rückzug, ohne Spuren zu hinterlassen. Ich breitete die Papiere wieder auf dem Tisch aus, um die Unordnung wiederherzustellen, in der ich sie vorgefunden hatte.

Am nächsten Morgen, als ich an meinem Schreibtisch saß und meine erste Tasse Tee trank, erhielt ich einen aufgeregten Anruf von Mrs. Morgan. Es dauerte ein paar Minuten, bis ich sie beruhigt hatte und allmählich einen Sinn aus ihrem Gebrabbel heraushörte. »Mord?

Wer? Wo? Im Garten hinter dem Haus? Was? Wann? – Sie haben gesehen, wie er einen Sarg vergraben hat? Was sagt Mr. Chalmers?« Schließlich bekam ich die ganze Geschichte zusammen. Mrs. Davis, Mrs. Morgan und Vince Chalmers hatten sich im Haus des letzteren getroffen, um ihre Überwachung des Verdächtigen zu besprechen. Es war gegen zehn Uhr abends. Mrs. Morgan sah zufällig aus dem Fenster und erblickte dabei eine schemenhafte Gestalt hinter Abels Haus. Sie schien ein Loch zu graben. Auf Mehrheitsbeschluß hin wurde Chalmers losgeschickt, um nachzuforschen. Und laut seiner unbestätigten Aussage vergrub Abel eine dunkle Kiste von der Größe eines kleinen Sarges. »Ein Sarg für einen Zwerg«, bemerkte Mrs. Morgan. »Ein richtiger Perverser, dieser Mr. Abel, das können Sie mir glauben.«

»Mrs. Morgan, hören Sie mir zu. Lassen Sie die Kiste in Ruhe. Ich wiederhole: Lassen Sie sie in Ruhe. Wenn nötig, graben wir sie ganz offiziell aus, wie es sich gehört. Bis dahin kümmern Sie sich nur um Ihre eigenen Angelegenheiten. Haben Sie mich verstanden? Einen schönen Tag noch – Nein, ich habe normalerweise keine Pistole bei mir. Ja, das sagten Sie bereits – das alte Gewehr Ihres Mannes. Ja, vielen Dank. Nein, bitte halten Sie Luvums vom Ort des ›Grabes‹ fern. Ja, ich verstehe. Guten Tag.«

Etwas war im Busch, ganz offensichtlich. Was auch immer sich in der Kiste befand – Sarg oder nicht Sarg –, konnte wertvolles Beweismaterial sein, und da hatten Amateure nichts dran zu suchen. Ich konnte nur hoffen, daß die gemäßigteren Nachbarn Mrs. Morgan dazu überreden würden, sich ruhig zu verhalten. Aber in der Zwischenzeit mußte ich etwas unternehmen. Wenn Mr. S. Abel heute abend von der Arbeit zurückkam, wollte ich bereit sein, sein Verbrechen als Augenzeuge zu beobachten. Meine Kamera und das Kassettengerät würden sich dabei zweifellos als nützlich erweisen, und natürlich auch die Werkzeugtasche, die ich schon am Abend zuvor benutzt hatte.

Das Ende kam plötzlich. Teilweise muß ich mir das, was geschah, selbst zusammenreimen, gestützt auf das Studium der Beweise, die überdauert haben. Es ist mir klar, daß die Geschichte, die ich erzählen muß, auf Unglauben und Skepsis stoßen wird, aber ich werde versuchen, den tragischen Abend so genau wie möglich zu schildern.

Ich befand mich bereits in Mr. Abels Haus, als ich die kleine Gruppe bemerkte, die sich auf Mrs. Morgans Rasen versammelte. Mein Herz machte einen Sprung. Chalmers trug einen Spaten und eine Hacke. Es dämmerte schon. Die blassen Halme der umliegenden Rasenflächen verfärbten sich grau. Ein paar Lampen brannten bereits in den einförmigen Häusern, Lampen, die meine Firma zum Leuchten brachte. Aber an diesem Abend war mir das nur ein geringer Trost. Ich versuchte verzweifelt, die Nachbarn aufzuhalten, und klopfte an das Fenster, aber sie hörten mich nicht, so sehr waren sie in ihre Vorbereitungen vertieft. Sogar über die Straße hinweg konnte ich das Glitzern in Mrs. Morgans Augen sehen. Ich wollte gerade durch Abels Haustür hinauslaufen und sie streng zur Ordnung rufen, als ich sah, daß der Mann, um den sich alles drehte, um die Ecke bog und sich dem Haus näherte. Offensichtlich pfiff er vor sich hin. In einer Hand hielt er einen Aktenkoffer, den er fröhlich schwenkte. Vielleicht klapperten seine zweifarbigen Schuhe auf dem Bürgersteig. Jedenfalls sah ich, daß die drei Nachbarn in aller Hast aus seinem Blickfeld flohen. Abel hegte kein Mißtrauen. Mir jedoch fiel ein, wo ich mich befand. Ich ließ den Vorhang sinken und suchte das Wohnzimmer nach einem Versteck ab.

»Daisy, Daisy, give mir your answer, do«, sang Mr. S. Abel, als er das Haus betrat. *»I'm half crazy, all for the love of you –«*

Das Theater geht also weiter, dachte ich grimmig und wagte einen schnellen Blick hinter dem Sessel hervor. Still wie ein Schatten sah ich, wie er seinen Aktenkoffer auf einen Stuhl in der Diele warf, seinen beigen Trenchcoat über die Lehne hängte und in der Küche verschwand. Wenige Augenblicke später kam er zurück, ein geeistes Glas in der Hand, in dem goldbraun das Bier schäumte. Wieviel hat es gekostet, das Bier zu kühlen, Mr. Abel? Wie eigensüchtig von Ihnen, uns zu zwingen, Ihre Unkosten auf die weniger Glücklichen und weniger Skrupellosen umzulegen. Ich war versucht, ihm das Bier ins Gesicht zu kippen und ihm meine Anklage gleich an Ort und Stelle ins Gesicht zu schreien. Aber ich wußte, daß ich noch etwas zu erledigen hatte, daß ich weitere Beweise sammeln mußte. Persönliche Abneigung hatte hinter dieser Aufgabe zurückzustehen. Zusammengeduckt hinter dem Sessel, war ich darauf eingestellt zu warten, stundenlang, wenn es sein mußte. Zu warten auf die belastende Tat.

Glücklicherweise dauerte es nicht so lange. Meine Gelenke waren froh darüber. Nachdem er sein Bier getrunken und ein weiteres Liedchen aus den fröhlichen neunziger Jahren angestimmt hatte, nahm Abel die *Times* in die Hand und schlenderte zur Kellertür. Ich spähte ihm vorsichtig nach. Ja, da war das Klirren von Schlüsseln im Schloß, das Quietschen der sich öffnenden Tür. Er begab sich an den Ort des Verbrechens. Meine Handflächen waren feucht. Sobald ich hörte, daß die Tür hinter ihm zufiel und er sie von innen sorgfältig wieder verschloß, sprang ich aus meinem Versteck auf. Was diese unmöglichen Nachbarn wohl vorhatten? Ich vergeudete ein paar wertvolle Sekunden damit, aus dem Fenster zu starren, sah sie jedoch nicht. Die Straße lag ruhig da. Der Himmel hatte eine dunklere Farbe angenommen. Solange Chalmers nicht mit dem Graben anfing –

Wie eine Katze bewegte ich mich zur Kellertür. Als ich mein Ohr an das Holz legte, konnte ich ganz schwach ein Geräusch dahinter vernehmen. Es mußte bemerkenswert laut sein, damit ich es durch das Holz und die dicke Korkschicht hören konnte. Was war es? Schreie? Gebrüll? Noch zu gedämpft. Aber wer war da unten bei ihm? War jemand dagewesen, als ich den Keller durchsuchte? Ein kalter Schauder lief mir über den Rücken. War ich bereit, weiter vorzugehen? Sollte ich lieber Verstärkung herbeiholen? Ich stand da, das Ohr immer noch an die Tür gedrückt, und versuchte, die einzelnen Bestandteile des Aufruhrs zu unterscheiden. Nein, es konnten nur Stimmen sein, oder eine einzige Stimme. Aber wessen? Es konnte nicht Abel sein, der da schrie, nicht dieser ruhige, gefaßte Mann mit dem freundlichen Verhalten, nicht dieser Meister der Nettigkeit. Kriminell vielleicht, aber doch kein tobender Wahnsinniger.

Worte? Was war das? – Ich wollte meinen Ohren nicht glauben. Ohne den Schutz aus Kork wäre die Nachbarschaft schockiert gewesen. Ich war schockiert. Ich hörte – oder glaubte zu hören – eine lange und einfallsreiche Obszönität. Es schien mir angebracht, weiter vorzugehen.

Nachdem ich leise das letzte Schloß geöffnet hatte, zögerte ich noch einmal, die behandschuhte Hand am Griff. Was würde ich finden? Ich öffnete die Tür einen Spalt weit, und die Geräusche strömten heraus wie Donnergrollen, aber dieser Donner fand kein Ende. Da unten war ein Verrückter! Er schrie und brüllte, so laut seine Lungen es erlaubten, spie eine widerliche Flut von Worten und Tönen aus, die eine entsetzliche Wut ausdrückten.

HAAH! GRRG! DIEGANZEVERDAMMTEWELTSOLLZUMTEUFELFAHREN!

ZUM TEUFEL! ZUM TEUFEL!

IIIIIEEEEH! AAAAHHHHH! HHHRRRR!

DIE FRESSE EINSCHLAGEN! GLATTPOLIEREN! ZUBREISCHLAGEN!

GZREWZTXCYDFHRRGTH!

SCHEISSSTEUERNSCHEISSUBAHN!

SCHRAAGGGKK! FRRTZZZZ! MERDE! KOTZ! KOTZ! KOTZ!

WODERPFEFFERWÄCHSTSOLLTIHRALLEHINGEHEN!

IHRKÖNNTMICHALLEMAL!

HAAAGHHH! UMBRINGEN! ICHBRINGEUCHALLEUM! ICHBRINGEUCHALLEVERDAMMTNOCHMALKOHLRABIUM!!!!

KREIIIIIISCH!

Folterte Abel jemanden? Vielleicht ging es hier doch um mehr als um Energiediebstahl. Vielleicht alarmierte ich besser die Polizei. Was würde passieren, wenn Chalmers und Gefolgschaft in diese widerwärtige Szene hineinstolperten? Wer immer es auch war, er hörte sich gewalttätig an. Ich stand wie angewurzelt auf der Hälfte der Kellertreppe, immer noch außer Sicht und ohne selbst etwas sehen zu können, da die Treppe einen Knick machte. Erst später fiel mir ein, daß ich meine Kamera und meinen Kassettenrecorder völlig vergessen hatte. Das gemeine Kreischen ging weiter, ohne aufgenommen zu werden, fürchterlich, widerlich, schmutzig, zu vulgär, um es wiederzugeben, roher Haß, die menschliche Stimme fast unkenntlich, ab und zu in ein hilfloses Gestammel übergehend. Ich kam zu einem Entschluß und ging weiter hinunter, ohne einen Versuch zu machen, mich leise zu bewegen. Ich war durchaus bereit, meine Befugnisse als Sonderbeauftragter zu überschreiten, durchaus bereit, meiner Pflicht nachzukommen und eine Verhaftung vorzunehmen, wozu ich im Falle einer Straftat das Recht hatte. Aber ich war nicht bereit für den Anblick, der sich mir bot, als ich unten ankam.

»Abel!«

Er hockte auf dem Stuhl, die Zeitung auf dem Schoß, vornübergebeugt, so daß sein rotes, verzerrtes Gesicht nur Zentimeter von den beiden Metallschirmen entfernt war. Obwohl er schrie und kreischte und schäumte und tobte, schaffte er es doch, die Balance zu halten. Mein Blick wanderte wie betäubt zu den beiden Metallschirmen, die nun rötlich verfärbt waren und – mein Gott, konnte es so etwas geben? – vor der Wut seiner Stimme glühten, die Hitze auffingen und sie durch die Magie der Wissenschaft umwandelten. Meine Augen folgten den Drähten, die zu dem Wasserbehälter führten, und ein vages, zögerndes Verstehen wuchs in mir. Nein, Verstehen ist zu stark. Das Wasser, jetzt widerlich dunkel, sprudelte und zischte, als sei es verseucht von einem geheimnisvollen Gift, das er absonderte. Ein Nebenprodukt? Welches war der nächste Schritt? Verwandelte er tatsächlich Haß in Energie, irgendwie, irgendwie, dröhnte es in meinem Schädel? Die Einmachgläser? Um es abzufüllen und zu lagern, dieses schreckliche Wasser? Oder um es loszuwerden? Abel schrie, kreischte und tobte weiter, zu besessen, um mich zu bemerken. Das ganze merkwürdige System pulsierte, funktionierte mit geheimnisvoller Macht. All das, all das, verdammenswert, aber auch großartig, um uns um ein paar jämmerliche Dollar pro Monat zu betrügen? Von Meßbecher zu Meßbecher zu Zelle zu Generator zu –

War das Wasser schädlich? War es nur überschüssige Energie oder ein strahlendes, gefährliches Abfallprodukt, das mit aller Vorsicht entsorgt werden mußte? Meine Güte, war es das, was er im Garten vergraben hatte? Und wenn jetzt Chalmers?– Gnädiger Gott!

Ich hatte keine Zeit zu verlieren. Jetzt schon konnte Chalmers den Sarg ausgebuddelt haben, einen von Gott weiß wie vielen, gefüllt mit Gott weiß wie vielen Einmachgläsern. In diesem Augenblick hob er vielleicht die Hacke über seinen Kopf und ließ sie nach unten sausen. Holz knirschte, gab nach, zerbarst – Es konnten Dutzende von den widerlichen Gläsern darin sein! Ich mußte ihn aufhalten. Aber erst:

»Abel! Abel! Hören Sie auf! Sie sind in Gefahr!«

GGRUUMPFFF! IIIIEEEEH! SCHLAGDEINEOHRENZUMATSCH! HARRRHHHH! ZEHNPUNKTEGEFALLENBEIBÖRSENSCHLUSS! GGRWXGHR! MASSAKERBLUTBADGEMETZELABSCHLACHTENALLESKAPUTTSCHLAGEN!

Ich konnte nicht länger warten. Eine Art Gebet raste durch meinen Schädel, während ich die Treppe hinauf- und durch den Flur zur Hintertür rannte. Während ich noch mit der Sicherheitskette kämpfte, war von draußen die erste Explosion zu hören. Sie war so stark, daß ich nach hinten geschleudert wurde. Noch ehe ich mich wieder auf die Füße rappeln konnte, kam die zweite Explosion, stärker und lauter. Das ganze Haus schwankte. Ich glaubte Schreie zu hören. Rauch, Staub, meine Zunge war belegt, ich konnte nicht mehr schlucken, der Boden vibrierte, Klingeln, Klingeln, das Klingeln in meinen Ohren wollte nicht mehr aufhören. Wo war Abel? Ich versuchte, mich durch den Flur ins Wohnzimmer zu rollen. Einen Meter, zwei. Ich schleppte mich mühsam weiter. Das Licht flackerte. Wenn nun die Explosionen draußen weitere im Haus verursachten? Wenn nun – Ganz plötzlich kam die nächste Explosion, lauter, näher, die Decke über meinem Kopf bekam einen Riß, ich schien irgendwohin in die Dunkelheit zu gleiten. Ich hörte die Seelen der Verdammten. War das Blut? Die Lichter – verloschen –

Sie fanden mich bewußtlos unter den Überresten des Wohnzimmers. Offensichtlich waren die Sitzpolster von Abels Sofa auf mich gefallen und hatten mich zum Teil vor der vollen Wucht der Zerstörung geschützt. Meine Kleidung war zerfetzt, mein Haar roch angesengt. Der größte Teil des Hauses war verschwunden. Von Abel nirgends eine Spur, keine Spur vom Keller und der schrecklichen Erfindung darin, nur ein riesiges Loch, angefüllt mit Geröll. Die Behörden ließen die Asche auf dem geschwärzten Rasen sorgfältig sieben und bemühten sich, die drei Nachbarn zu identifizieren. Ich hatte Zweifel. Und wo war Luvums? Undeutlich erinnere ich mich daran, daß ich auf einer Trage zum Krankenwagen gebracht wurde und dabei die blassen, unterschiedslosen Gesichter der Anwohner sah, die herbeigeströmt waren, um das Unglück, die Katastrophe, zu bestaunen. »Dabei war er so ein netter Mann.«

Mein offizieller Bericht, das brauche ich wohl nicht weiter zu betonen, war bedeutend zurückhaltender als diese Niederschrift.

Originaltitel: THE MAN WHO WAS TOO NICE, 11/85
Übersetzt von Brigitte Walitzek

Elliott Capon

Bei näherem Hinsehen

Wie die meisten Vampire war Darren Meier sehr unglücklich.

Quatsch! Wie *alle* Vampire war Darren Meier sehr unglücklich. Der zähnefletschende, sadistische Graf der Filme, der Meister der Heimtücke, für den es die höchste Lust ist, anderen das Blut abzuzapfen, war einer der abscheulichsten Mythen, die Hollywood einem ahnungslosen und gutgläubigen Publikum vorsetzte. Vampir zu sein war eine elende Art zu leben – äh, nicht zu leben. Die Gier nach Blut läßt sich nicht vergleichen mit dem gesunden Wunsch eines jungen Mannes nach der Nähe einer jungen Frau oder mit dem Bedürfnis zweier müder Füße, in eine Schüssel mit heißem Wasser einzutauchen. Es ist ein abstoßendes Bedürfnis, vergleichbar höchstens mit den tiefsten Abgründen des Alkoholismus oder der Heroinsucht, wenn die Zwanghaftigkeit größer ist als die eigentliche Befriedigung.

Es ist einfach so, daß Blut nicht besonders gut schmeckt, und wie viele andere seiner Art empfand Darren jedesmal eine leise Übelkeit im Magen, wenn er das Knirschen hörte, mit dem seine Zähne die Haut durchbohrten, wenn er fühlte, wie die warme Flüssigkeit aus der Halsschlagader gegen seinen Gaumen pulsierte, und überhaupt bei dem Gedanken, die Privatsphäre einer schlafenden oder halbbetäubten Person zu verletzten. Aber natürlich war das noch längst nicht alles. Dazu kam noch die ganze Sache mit dem Untot-Sein. Nach allem, was recht und billig war, sollte ein Mann, dem der letzte Blutstropfen ausgesaugt worden war, wie es Darren vor sieben Jahren passierte, friedlich begraben sein, sein Körper inzwischen ein Häufchen Staub, seine Seele – seine Seele *irgendwo*. Statt dessen mußte er sich tagein, tagaus, jahrein, jahraus vor dem Licht der Sonne verstekken, und nur seine verhaßten Bedürfnisse trieben ihn bei Dunkelheit aus seinem Schlupfwinkel.

Ohne die allmorgendlichen Gespräche wäre Darren schon vor Jahren verrückt geworden.

Ach so, ja, die Gespräche. Darren Meier war nämlich keineswegs der einzige Vampir der Welt, weit gefehlt. Um genau zu sein, teilte er sich das große, alte Haus in einem der nördlichen Vororte New Yorks mit drei – in Worten: drei anderen Vampiren, mit Ed, Phil und Annie. Weder Ed noch Phil, noch Annie, noch Darren trugen schwarze Umhänge oder Smokings oder steifgestärkte weiße Hemden. Sie trugen Jeans und Pullover und an warmen Sommerabenden Shorts.

Und sie alle haßten es, Vampire zu sein. Aber sie konnten nun einmal nichts dagegen tun.

Darren war in jener Nacht der letzte, der nach Hause kam, etwa vierzig Minuten vor Anbruch der Morgendämmerung. Sie blieben immer so lange wie möglich auf, um so viel wie möglich zu bereden, bevor sie sich für den Tag zurückziehen mußten. Dazu muß man wissen, daß sie in ihren verdunkelten Schlafzimmern keineswegs *schliefen*, und tröstliche Worte von Leidensgenossen halfen ihnen für gewöhnlich, die langen Stunden der Einsamkeit besser durchzustehen.

»Wo hast du dich denn so lange herumgetrieben?« fragte Ed, als Darren endlich kam.

»Ihr werdet es nicht glauben«, sagte Darren, »aber ich wurde von der Polizei verfolgt.«

»Was?« riefen Phil und Annie gleichzeitig, während Ed fragte: »Wieso denn das?«

»Ich habe es mir von einem Typ geholt, der auf der Route 15 eine Reifenpanne hatte«, sagte Darren. Sie bezeichneten ihr schändliches Tun immer als »es sich holen«. Darren schüttelte den Kopf. Er war 1977 in die Reihen der Untoten eingegangen und trug das Haar länger als der männliche Durchschnittsmensch der heutigen Zeit. »Aber er muß schon nach Hilfe telefoniert haben und gerade erst wieder zu seinem Auto zurückgekommen sein, als ich ihn fand. Jedenfalls tauchte plötzlich, kaum daß ich fertig war, ein Streifenwagen auf. Ich natürlich nichts wie weg ins Gebüsch und die Bullen hinter mir her. Ich habe fast anderthalb Stunden gebraucht, um mich hierher durchzuschlagen.«

»Das hast du davon, daß du dir immer die Landstraßen vornimmst«, schnüffelte Annie. »*Ich* halte mich lieber an die Innenstadt. Erstens kann man sich da besser verstecken, und zweitens kann man sich viel diskreter an diejenigen heranmachen, die man liften will.« Den Akt des Auffindens eines potentiellen Opfers bezeichneten sie immer als »liften«.

»O ja«, sagte Phil. »Darren würde sich an einen Laternenpfahl gelehnt und mit einem ›Komm doch her, Süßer‹-Ausdruck auf dem Gesicht einfach großartig machen.« Die drei Männer lachten, aber Annie fand die Bemerkung nicht sehr witzig. Daß sie beim Liften so tun mußte, als sei sie eine Prostituierte, war eine zusätzliche Schmach, die das Faß fast zum Überlaufen brachte.

Die Unterhaltung drehte sich eine Weile um dies und das, bis Ed irgendwann fast wie zu sich selbst sagte: »Ich glaube, ich habe heute nacht jemanden umgedreht.« Wenn sie ein Opfer völlig aussaugten und es damit ebenfalls zu einem Vampir machten, bezeichneten sie diese Tat immer als »Umdrehen«.

»O nein!« rief Annie. »Du hast doch versprochen, vorsichtig zu sein!«

»Ich habe nicht viel genommen«, gab Ed scharf zurück, jedes Wort verbissen betont. »Jemand muß sich vor mir an sie herangemacht haben. Eine Schwarze, nicht besonders groß, aber kräftig, etwa zwanzig Jahre alt, lockiges Haar, wegen einer Mandeloperation im Krankenhaus. Na?« Er sah die anderen erwartungsvoll an. Sie schüttelten den Kopf. »Meinst du, daß noch jemand in unserer Gegend arbeitet?« fragte Darren.

Nach ein paar weiteren Minuten mit belanglosem Geplauder warf Phil einen Blick auf seine Uhr und sagte: »He, Zeit zum Schlafengehen.« Sie bezeichneten die Morgendämmerung immer als Schlafengehenszeit. »Ab in die Falle mit uns.«

Das Haus, in dem sie lebten, war eine Mischung aus Nach-Revolutionskriegsperiode und Vor-Bürgerkriegsstil. Es hatte vierzehn Zimmer und war so gebaut, wie ein Haus gebaut sein sollte. Das Wohnzimmer, in dem sie ihre nächtlichen Gespräche führten, war eine hohe, luftige Höhle mit einem offenen Kamin an einem Ende und einem riesigen Spiegel am anderen. Der Kamin wurde nie benutzt, denn da sie an sich keine menschlichen Bedürfnisse hatten, war ihnen auch nie kalt. Eine Zeituhr schaltete in regelmäßigen Abständen die Lampen an und aus, und da Phil ein wohlhabender Mann gewesen war, bevor er umgedreht wurde, befand sich das Haus in seinem legalen Besitz. Die Nachbarn wußten nur, daß hier ruhige, unauffällige Leute wohnten, die keinen Anlaß zur Klage boten.

Der Spiegel – nun ja, das war eine andere Geschichte. Wie jeder weiß, und in diesem Falle erzählte Hollywood die Wahrheit, haben Vampire kein Spiegelbild. An der Seite des Zimmers, an der der über einhundert Jahre alte Spiegel in seinem verschnörkelten Goldrahmen hing, gab es keine Lampen, und so fiel es ihnen nicht schwer, nicht hineinzuschauen, wenn sie das Wohnzimmer benutzten. Der Spiegel hätte genausogut ein altes Spinnengewebe sein können, zwar unschön, aber so harmlos, daß sie nicht gezwungen waren, ihn zu entfernen oder die Entfernung auch nur zu wünschen. Sie ignorierten den Spiegel ganz einfach.

Bis auf Darren. Jeden Abend – das heißt, jeden Morgen –, bevor er sich in sein Bett zurückzog (Särge waren so etwas von passé!), stellte er sich vor den Spiegel. Daß Darren ein Mensch war, darüber konnte man sich zur Not streiten, nicht aber darüber, daß er früher einer gewesen war, und in der menschlichen Brust sprießt nun einmal ewiglich die Hoffnung. Jeden Tag also stellte Darren sich vor den Spiegel, wohl wissend, daß er sein Bild nicht sehen würde, aber vielleicht hoffend, bittend oder vielleicht gar betend? daß es eines schönen Tages doch der Fall sein würde daß er sich nach sieben Jahren doch wieder sehen würde, und daß der Fluch des Vampirismus dann endlich von ihm genommen wäre.

Wie üblich stand er auch jetzt auf, ging die sechzehn Schritte zum anderen Ende des Zimmers und blieb vor dem Spiegel stehen. Da war der Kamin, kalt und dunkel. Der Sessel, aus dem Annie gerade aufstand – aber keine Annie. Da war das Bild, das sie »Onkel Jim« nannten und das sie mit dem Haus übernommen hatten. Da war jeder einzelne Staubfleck auf dem Kaminsims, da war – da war alles andere im Zimmer nur er nicht.

Mit einem tiefen Seufzer wandte Darren sich vom Spiegel ab.

An der Haustür klopfte es.

Sie erstarrten.

Das Klopfen wurde zu einem Hämmern.

Darrens erster Gedanke war, daß die Polizei ihn irgendwie aufgespürt hatte.

»Bitte!« schrie jemand von draußen. »Macht auf, bevor die Sonne aufgeht!«

Bevor die Sonne aufgeht? Welcher Polizist hat Angst vor der Sonne?

Da es Phils Geld gewesen war, mit dem das Haus gekauft wurde, war er so etwas wie der Anführer der Gruppe. »Mach die Tür auf«, sagte er zu Ed.

Zögernd ging Ed durch das Zimmer und die Eingangshalle und schloß die schwere Eingangstür auf.

Ein Mann trat – oder fiel – herein. Er sah mehr wie ein Filmvampir aus als die anderen. Groß, dünn, sehr blaß, ein paar getrocknete Blutstropfen auf dem weißen Hemd. Er keuchte, und seine zurückgezogenen Lippen enthüllten spitze Hundezähne.

»Wer zum Teufel sind Sie?« fragte Ed.

»Ich heiße Leo«, keuchte der Fremde. »Keine Zeit zum Reden. Die Sonne kommt schon raus. Könnt ihr mich verstecken?«

Bei acht Schlafzimmern war es die einfachste Sache der Welt, diesem Leo ein Bett zu geben. Darren, Annie, Phil und Ed gingen in ihre eigenen Zimmer und grübelten in ihrer eigenen, privaten Dunkelheit über die Ereignisse dieser merkwürdigen Nacht nach. Als sie für ihre Wanderungen der nächsten Nacht wieder zum Vorschein kamen, war Leo bereits gegangen. Aber am frühen nächsten Morgen, als sie sich zu ihrem üblichen tête-à-tête-à-tête-à-tête versammelt hatten, war ein höfliches Klopfen an der Haustür zu hören. Wieder war es Ed, der die Tür vorsichtig öffnete, und wieder war es Leo, der davorstand, ein bißchen gekämmter und bedeutend ruhiger. »Darf ich hereinkommen?« fragte er.

Sie zogen einen weiteren, dickgepolsterten Sessel vor den toten Kamin und luden Leo ein, Platz zu nehmen.

Alle vier waren blaß, aber Darren und seine Freunde waren erst Ende der siebziger Jahre umgedreht worden, als sie noch nicht einmal dreißig waren. Leo war offensichtlich schon weit in den Fünfzigern gewesen, als seine vampirische Laufbahn anfing, und ebenso offensichtlich war sein Leben bis zu diesem Zeitpunkt nicht auf Rosen gebettet gewesen. Im Vergleich zu ihm boten die anderen ein Bild strahlender Gesundheit.

»Seit vierzig Jahren bin ich nun schon dabei«, erzählte er ihnen. »Das heißt, einen Augenblick mal? Welches Jahr haben wir jetzt? Tatsächlich? dann sind es schon einundvierzig Jahre. Seit einundvierzig Jahren führe ich dieses Leben, wenn man es so nennen kann. Seit einundvierzig Jahren verstecke ich mich in einem Schuppen an den Eisenbahnschienen in der Nähe von Mann's Ferry – und letzte Nacht kommen auf einmal so ein paar junge Spitzbuben auf die Idee, ihn abzubrennen. Nur so aus Spaß.«

»Spitzbuben?« fragte Annie. »Sie meinen wohl Punks, oder?«

Leo brachte ein Art Lächeln zustande. »Danke schön, junge Dame. Wie die Sprache sich verändert!«

»Wie – wie kamen Sie darauf – ich meine, wie sind Sie –?« Darren fand die richtigen Worte nicht.

»Ich weiß seit mindestens zwei Jahren von euch«, sagte Leo. »Aber bisher bestand nie die Notwendigkeit, wie soll ich sagen? – Kontakt aufzunehmen. Geteiltes Leid ist nicht unbedingt halbes Leid.«

»Wir finden das Gefühl der Zusammengehörigkeit hilfreich«, sagte Phil. »Wir sind auf eine fürchterliche Weise verflucht, und wenn wir darüber reden können, hilft es uns, den Verstand nicht zu verlieren.«

Ed sah nachdenklich aus. »Sagen Sie, Leo, haben Sie sich gestern ein mittelgroßes, kräftiges schwarzes Mädchen im Lakeview Hospital geholt, das –«

»Die Mandeloperation?« fragte Leo zurück. »Ja, das war ich. Wieso?«

»Wie kommt es, daß wir bisher noch nie auf Ihre Arbeit gestoßen sind?« fragte Darren.

»Wen – wie sagte Ed noch mal? –, wen holt ihr Kinder euch für gewöhnlich?«

Darren hielt sich immer an gestrandete Autofahrer, junge Pärchen, die sich an abgelegenen Stellen miteinander vergnügten, einsame Anhalter. Annie arbeitete auf dem New Yorker Strich, Phil durchkämmte die Schwulenkneipen in New York und im nahe gelegenen White Plains, Ed versuchte sein Glück gerne in Krankenhäusern, rund um die Uhr geöffneten Schnellrestaurants und ähnlichen Lokalitäten. Es kam nur selten vor, daß sie jemand umdrehten, und die unumgedrehten Opfer, die sie vor dem ersten Biß in eine Art Trance versetzten, erinnerten sich hinterher nicht mehr daran, daß sie geliftet worden waren. Eine eingespielte Arbeitsweise war der Schlüssel zum Erfolg. Leo nickte.

»Meine normale Beute sind ältere Damen. Ein bißchen Charme, ein bißchen Süßholzraspeln, und dann – voilà.« Er schauderte zusammen. »Deshalb haben sich unsere Wege bisher nicht gekreuzt. Aber ich weiß schon seit langem, daß ihr hier seid, wie gesagt, seit fast zwei Jahren. Wenn man schon so lange dabei ist wie ich, dann, na ja, dann weiß man so etwas eben.«

Ed war wegen des schwarzen Mädchens immer noch bekümmert. »Und was hatten Sie dann im Krankenhaus zu suchen?«

Leos Lächeln verwandelte sich in ein verlegenes Grinsen. »In letzter Zeit ist es für mich nicht so gut gelaufen, und deshalb, na ja, deshalb wollte ich die Blutbank ausrauben. Das habe ich schon öfter mal gemacht, in Notfällen. Es ist nicht so gut wie, na ja, ihr wißt schon, aber es stillt das größte Verlangen. Und dann sah ich das Mädchen ganz allein im Flur, und da habe ich –« Er hob die Hände.

Es war Annie, die die Frage stellte, die ihnen allen durch den Kopf gegangen war. Aber keiner hatte gewußt, wie sie das Thema am besten angehen sollten. »Brauchen Sie eine Bleibe?«

Leo bedachte sie mit all dem Charme, den ein Vampir aufbringen konnte. »Ja, meine Liebe, das tue ich. Wäre es Ihnen recht?«

»Wie könnten wir etwas dagegen haben?« fragte Phil zurück. »Sie sind uns herzlich willkommen.«

Es war fast schon hell, und sie erhoben sich, um zu Bett zu gehen. Wieder ging Darren zum Spiegel und sah hinein. Da war der kalte Kamin, die fünf anscheinend leeren Sessel davor, der Staub auf dem Sims, aber kein Darren. Mit seinem üblichen Seufzer ging er ins Bett.

Sie gaben Leo einen Hausschlüssel und zeigten ihm, wo sie die Bettwäsche und die Handtücher aufbewahrten, mehr brauchte es nicht. Eine Woche verging, eine Woche, die unter den gegebenen Umständen, unter denen sie lebten, ganz normal und ereignislos verlief. Leo kam meistens erst ganz kurz vor der Dämmerung nach Hause und konnte daher nicht an ihren Unterhaltungen nach der Befriedigung teilnehmen. Aber dennoch ließen sie seinen Sessel im Kreis vor dem Kamin stehen, als eine fast willkommene Erinnerung daran, daß sie noch weniger allein waren als zuvor, daß es noch jemanden gab, der mit dem gleichen Fluch geschlagen war wie sie.

In der achten Nacht nach Leos Ankunft hatte eine Virginia Farmer eine Verabredung mit ihrem festen Freund, einem gewissen Brian Crane. Eine Diskussion, die uns nichts anzugehen braucht, führte zu einem Streit, der in einem richtigen Krach endete und dessen Ergebnis war, daß Virginia Brians Auto an einer ziemlich dunklen Stelle der Landstraße 119 mit fliegenden Fahnen verließ. Sie war so wütend, daß sie nicht einmal die Schritte hinter sich hörte, und als Darren sie sich holte, erinnerte sie sich natürlich hinterher nicht daran, daß sie angegriffen worden war.

Derart seltener glücklicher Zufall führte dazu, daß Darren schon um Mitternacht wieder zu Hause war, drei oder vier Stunden bevor die anderen zurückerwartet werden konnten. Da er alle Tagesstunden in Reglosigkeit, aber bei vollem Bewußtsein verbringen mußte, war Darren nicht in der Stimmung, sich ruhig hinzusetzen und nachzudenken, bis seine Gefährten nach Hause kamen. Er mußte etwas tun, aber es gab weder Bücher noch einen Fernseher im Haus.

Plötzlich fiel ihm ein, daß er schon seit Jahren nicht mehr richtig in dem großen Haus herumgekommen war.

Eigentlich gibt es kein Wort, das eine ganz leichte, milde, fast nicht erwähnenswerte Überraschung ausdrückt, aber gäbe es eins, hätte man es benutzen müssen, um Darrens Gefühle zu beschreiben, als er die Tür öffnete, die in den Keller führte. Er wußte, daß es Jahre her war, seit jemand zuletzt in den Keller gegangen war, aber die Angeln quietschten nicht im geringsten. Nach fünf oder sechs Jahren der totalen Vernachlässigung hätte man doch sicher irgendein Geräusch hören müssen –? Der Lichtschalter, der irgendwann in den vierziger Jahren installiert, aber seit den späten Siebzigern nicht mehr benutzt worden war, funktionierte einwandfrei und enthüllte, was Darren erwartet hatte: den Keller. Er erinnerte sich nicht besonders gut an den Keller, aber alles schien so auszusehen, wie es sollte. Ein paar alte Schrankkoffer, bedeckt mit Staub und Spinnweben, eine alte Couch, die die vorherigen Besitzer zurückgelassen hatten, durchgesessen und schmutzig, ein paar vor sich hingammelnde Bilder in einer Ecke, ein

Stapel von acht oder zehn Pappkartons, die ordentlich übereinander standen, ein paar vergilbte Life-Magazine auf einem fleckigen und zerkratzten ehemaligen Couchtisch –

Die Pappkartons. Der Stapel an der hinteren Wand. Sie waren nicht von einer dicken Staubschicht überzogen. Sie waren nicht abgegriffen und an den Kanten und Ecken abgestoßen und eingerissen.

Sie waren neu.

Darren riß den obersten auf. Er enthielt Päckchen aus durchsichtiger Plastikfolie mit einem weißen Pulver darin. Er riß noch einen Karton auf. Genau das gleiche. Dann nahm er eines der Päckchen heraus, wog es in der Hand ab, drückte es, knetete es. Es war entweder Heroin oder Kokain, dessen war er sicher, und es spielte keine Rolle, welches von beiden. Aber – Wer? Wie? Er flüsterte etwas, was er in sieben Jahren nie auch nur ein einziges Mal gedacht hatte.

»O mein Gott.«

Er legte das Rauschgift in den Karton zurück und machte ihn wieder zu. Dann ging er langsam nach oben ins Wohnzimmer, den Mittelpunkt seines Universums, das einzige im Grunde, was es für sie noch an Normalität gab.

Jemand benutzte ihr Haus als Rauschgiftlager. Wenn man einmal annahm, daß jedes der Päckchen ein Kilo enthielt und daß in jedem Karton zwölf Päckchen lagen, mal acht Kartons, sechsundneunzig Kilo, einhundertzweiundneunzig Pfund, jedes davon – wieviel wert? Fünfzig-, einhunderttausend Dollar? Im Keller lag ein phantastisches Vermögen herum.

Aber wer war dieser *Jemand*? Die Fenster waren verriegelt, die Türen verschlossen, niemand von draußen konnte hereingelangen. Es mußte einer von ihnen sein, aber wer? Und wie? Und warum? Welche Verwendung hatte ein Vampir schon für Geld? Wann fand wer immer es war die Zeit für so etwas?

Die drei großen Ws, Wer, Warum, Wie, überschlugen sich in seinem Kopf, purzelten herum, drehten sich wie ein Karussell, bis er das Gefühl hatte, den Verstand zu verlieren. Mit einer Wut und Gewalttätigkeit, die er in sieben Jahren nicht an sich erlebt hatte, trat er nach dem nächsten Sessel, so daß er aus dem Kreis vor dem Kamin herausflog und auf dem Rücken liegenblieb.

Es beruhigte ihn etwas. Er bückte sich, um den Sessel wieder aufzuheben. Dabei fiel sein Blick in den Spiegel am anderen Ende des Zimmers. Der Sessel fiel aus seinen Händen und krachte auf den Boden.

Jetzt war alles klar.

Phil sagte, dies sei das erste Mal, daß Darren als erster im Haus sei. Ihre Unterhaltung drehte sich in den Stunden der Vordämmerung um die üblichen Themen, bis Leo seinen späten Auftritt hatte. Darren lud ihn ein, sich einen Augenblick zu setzen und noch ein bißchen zu plaudern, was Leo mit einem Blick auf seine Uhr auch tat.

Die fünf saßen in ihren Sesseln und redeten über Belangloses, bis Darren sagte: »Es hat mich schon immer fasziniert, daß wir in Spiegeln nicht zu sehen sind.«

Ed zuckte die Schultern. »Ich finde es nicht faszinierender als alles andere auch.«

»Nein«, sagte Darren. »Ich meine damit, daß es *einmalig* ist.« Er stand auf und ging langsam durch das Zimmer. »Ich meine, seht euch diesen großen, alten Spiegel an. Alles im Zimmer, was irgendwie beleuchtet ist, spiegelt sich in ihm wider – die Wände, die Möbel, der Kamin –, alles, bis auf uns, ist in diesem Spiegel zu sehen.« Er stand genau davor, sah hinein, und die anderen sahen das Spiegelbild des Zimmers um ihn herum. Sie sahen die Sessel, in denen sie saßen, aber natürlich nicht sich selbst.

»Willst du auf etwas Bestimmtes hinaus, Darren?« fragte Leo. »Es wird allmählich spät.«

»O ja«, sagte Darren. »Ich will auf etwas Bestimmtes hinaus.« Er streckte die Hand aus, packte den unteren Rand des verschnörkelten Rahmens und verschob den Spiegel. Obwohl er nun völlig quer hing, veränderte das gespiegelte Bild sich nicht.

»Man sollte doch annehmen«, sagte Darren, »daß ein Spiegel, wenn man ihn verschiebt, das widerspiegelt, was vor ihm ist, und nicht das Bild, an das er gewöhnt ist.«

Niemand rührte sich. Alle waren wie erstarrt vor Verwirrung. Darren hob den Spiegel von der Wand und warf ihn auf den Boden, wo er nicht mit dem Klirren zerbrechenden Glases landete, sondern mit dem gedämpften Geräusch, mit dem Leinwand auf Holz schlägt.

»Es ist ein Bild«, sagte er. »Wie haben Sie das fertiggebracht, Leo?«

Innerhalb einer Sekunde war Leo auf den Beinen und stand mit dem Rücken vor dem Kamin, ein großes Kruzifix in der Hand. »Sehr gut, Darren«, sagte er. »Sehr einfallsreich.«

»Was ist eigentlich los?« fragte Annie mit einer Stimme, die einem Jammern gefährlich nahe war.

»Leo ist kein Vampir«, sagte Darren, worauf drei Stimmen ein »Was?« ausstießen.

»Ich war vorhin im Keller«, fuhr Darren fort. »Und dort habe ich eine große Menge Rauschgift gefunden, das noch nicht lange dort sein kann.«

»Heroin«, sagte Leo. »Im Wert von ungefähr drei Millionen Dollar.«

»Ich wußte, daß es einer von uns gewesen sein muß«, sagte Darren, »weil niemand sonst ins Haus kommt. Dann warf ich einen Sessel um und merkte, daß das Bild im Spiegel die neue Lage des Sessels nicht widerspiegelte. Jemand hatte den Spiegel gegen ein täuschend echtes Bild des Zimmers ausgetauscht, so wie es aussah, nachdem wir einen Sessel für Leo hinzugezogen hatten. Und da habe ich mich gefragt, wer ein Interesse daran haben könnte, ein Bild anstelle des Spiegels aufzuhängen. Offensichtlich jemand, den man im Spiegel sehen würde. Jemand, der kein Vampir ist. Richtig, Leo?«

Leo nickte. »Ganz richtig, Darren, völlig richtig. Wie schon gesagt, wußte ich, daß ihr hier seid. Ein großes, altes Haus, in das nie jemand kommt, Bewohner, die den ganzen Tag schlafen und die es selbst unter den widrigsten Umständen nicht wagen können, zur Polizei zu gehen – hätte ich mir ein besseres Lager für meine Umschlagaktion wünschen können?«

»Aber wie sind Sie – das Bild –«, stotterte Phil.

»Erinnert ihr euch noch an die erste Nacht, in der ich hier ankam?« fragte Leo. »Ganz kurz vor Tagesanbruch? In dem ganzen Durcheinander ist keinem von euch aufgefallen, daß ich ein Spiegelbild habe. Ich hatte meine Hausaufgaben gemacht. Ich wußte, bis auf ein paar Kleinigkeiten, wie das Zimmer hier aussieht, und ich verbrachte den Rest des Tages damit, mein Meisterwerk zu vollenden.« Mit seiner freien Hand deutete er auf das Gemälde auf dem Boden. »Ich bin ziemlich gut, finde ich, aber der Drogenhandel zahlt sich soviel besser aus als der Verkauf von Ölgemälden.«

»Und nachts?« fragte Annie.

»Nachts bin ich nach Hause gegangen und habe geschlafen und bin erst kurz vor Tagesanbruch wieder hier eingetrudelt. Und tagsüber, während ihr alle geruht habt, habe ich meine Geschäfte erledigt. Da wir uns jeden Tag nur ein paar Minuten lang sahen, brauchte ich nur dafür zu sorgen, daß das Zimmer hier unverändert blieb. Oh, und eine mitternächtliche Attacke auf ein sehr wahrscheinliches Opfer mit einer Mandeloperation. Dafür habe ich eine Kanüle genommen. Erinnern Sie sich noch, Ed? Das war das I-Tüpfelchen der Glaubwürdigkeit. Einfallsreich von mir, oder nicht?«

»Und was jetzt?« fragte Darren ruhig.

Leo sah auf seine Uhr. »Noch vier Minuten bis Sonnenaufgang. Ich bleibe einfach mit dem Kreuz hier stehen, bis ihr euch zurückziehen müßt, und dann, nun ja, dann nehme ich einen kleinen Transport gewisser Waren vor, die ich im Keller untergebracht habe. Und dann heißt es auf Nimmerwiedersehen.«

»Nein«, sagte Darren und ging langsam durch das Zimmer auf ihn zu.

Leo drückte sich gegen den Kamin und hielt das Kreuz so weit vor sich, wie seine Arme reichten.

»Das hier wehrt euch ab!« rief er.

Phil und Ed und Annie waren aufgestanden und gingen ebenfalls langsam auf ihn zu.

»Nein«, sagte Darren noch einmal. »Sie haben zu viele Filme gesehen. Das Kreuz ist kein Hindernis für uns.«

Leo hatte noch Zeit für einen letzten Schrei.

Am nächsten Morgen, bei ihrem üblichen Plauderstündchen, drückte Ed das aus, was alle empfanden. Die Befriedigung ihres zwanghaften Verlangens an einer bewußtlosen Person stillte zwar die größte Begierde, aber ein hilfloses Opfer angreifen, das vor Angst schrie, machte *Spaß*! Und was für einen!

Originaltitel: UPON REFLECTION, 11/85
Übersetzt von Brigitte Walitzek

Nancy C. Swoboda

Tapetenwechsel

»Glück muß man haben«, sagte T. J. Pike laut. Fast schien es, als könne nichts mehr bei ihm schiefgehen. Das Schild war aus leuchtendrotem Blech und von der Art, wie man sie in jedem Haushaltswarengeschäft kaufen konnte: ZIMMER ZU VERMIETEN. Das Haus war ein alter, weit ausladender Fachwerkbau, groß und immer noch eindrucksvoll in seiner verschnörkelten Grandiosität. Es stand auf einer kleinen, gepflegten Rasenfläche und war von einem schmiedeeisernen Zaun umgeben, der es vor den Gewerbebetrieben und Geschäften schützte, die immer näher heranrückten.

T. J. warf einen Blick zurück auf die Silhouette der Innenstadt. Von hier aus waren es nur drei Blocks bis zu dem Parkplatz, auf dem er eine Stelle als Parkwächter gefunden hatte. Das war unheimliches Glück gewesen, denn nach allem, was geschehen war, hielt er es nicht mehr lange in geschlossenen Räumen aus. Und dabei konnte er von Glück reden, überhaupt einen Job gefunden zu haben, nach all dem Aufsehen, das um ihn gemacht worden war. Das Haus sah zwar ein bißchen schäbig aus, aber er fühlte sich zu ihm hingezogen, und Leute, die ihren Garten pflegten, hielten meist auch ihr Haus gut in Schuß, überlegte er. Nach Flöhen und Wanzen stand ihm jedenfalls nicht der Sinn.

Die hölzerne Veranda quietschte unter seiner kräftigen Gestalt. Er drückte auf die Klingel und hörte die Glocke tief im Inneren des Hauses anschlagen. Fast unmittelbar darauf wurde die Tür geöffnet, und ein älteres Paar stand in dem schwachen Lichtrechteck, fast so, als hätten die beiden ihn erwartet. T. J. fuhr sich mit der Hand über das grobe Gesicht und zeigte auf das Schild.

»Ist das Zimmer noch frei?«

Der alte Mann antwortete mit pfeifender Stimme: »Natürlich. Kommen Sie herein.«

»Gerne. Aber erst – wie teuer?«

»Fünfzig Dollar die Woche, einschließlich Bettwäsche und Frühstück.«

»Klingt ganz vernünftig. Kann ich das Zimmer sehen?«

»Sicher. Kommen Sie herein, junger Mann.« Der alte Mann öffnete die Fliegengittertür und machte einen Schritt zur Seite. Seine Frau lächelte, aber T. J. fiel auf, daß ihr Gesicht trotzdem ausdruckslos schien, wie eine Schüssel mit Mehl und zwei Rosinen darin. Sie hatte das graue Haar zu Zöpfen geflochten und um ihren Kopf geschlungen, der einen perfekten Kreis bildete.

Der alte Mann zeigte auf die Treppe, die links von der Diele nach oben führte.

»Gehen Sie schon vor. Es ist das zweite Zimmer rechts. Wir kommen nach, aber wir brauchen ein bißchen länger, nicht wahr, Faustina?« Er sah seine Frau an, und sie nickte mit dem runden, grauhaarigen Kopf.

T J. hatte recht. Das Innere des Hauses war zwar altmodisch, aber sauber und glänzend poliert. Die dunkle Holzverkleidung schimmerte matt und roch nach Zitronenöl. Der rote Plüschteppich war fleckenlos sauber, und der Kristalleuchter an der Decke blitzte und funkelte trotz der trüben Beleuchtung. Er nahm zwei Stufen auf einmal, drehte sich am Kopf der Treppe um und wartete auf das alte Paar. Aus irgendeinem Grund lief ihm ein Schauder über den Rücken, als er in die beiden Gesichter sah, die langsam die Treppe herauf auf ihn zukamen. Der alte Mann mit seinem struppigen Haarkranz sah wie ein verschlafener Maulwurf aus, und die alte Frau machte ihn richtig nervös. Ihre Stimme jedoch überraschte ihn. Sie war tief und angenehm.

»Wir hoffen, daß Ihnen das Zimmer gefällt, nicht wahr, Thaddeus?« Ihr Gesicht belebte sich erst jetzt, als sie ihren Mann ansah.

»Also, ich wäre dann soweit, wenn es Ihnen recht ist. Zeigen Sie es mir.« T. J. folgte den beiden zu einer geschlossenen Tür und sah sie abwartend an, aber sie standen nur da und erwiderten seinen Blick. Eigentlich hatte er im allgemeinen einen guten Blick für Menschen, aber diese beiden hier waren etwas anderes. Nach einer wahren Ewigkeit, wie ihm schien, ergriff er schließlich die Initiative.

Er öffnete die Tür zu einem großen Zimmer mit hoher Decke, wuchtigen Möbeln und schweren Vorhängen, die bis zum Boden reichten. An der hinteren Wand stand ein Doppelbett, direkt daneben ein Kleiderschrank. In der linken Wand befand sich ein hohes Fenster, an der gegenüberliegenden Wand stand eine Kommode, und gleich rechts von der Tür hatte ein schwerer Polstersessel seinen Platz. Der rote Plüschteppich setzte sich auch im Zimmer fort, rote Samtvorhänge trugen die Farbe hinauf zur Decke, und eine passende Tagesdecke vervollständigte die blutige Farbgebung. Und dann war da noch die Tapete.

»Heiland!« sagte T. J. »Was ist das denn? Ein Kinderzimmer?«

Das alte Paar sah sich mit einem wissenden Blick an, und Thaddeus beantwortete T. J.s unverhohlene Frage.

»Nein, es ist die Originaltapete, mit der das Zimmer ursprünglich ausgestattet war. Eine sehr feine, sehr alte Arbeit, aber ein bißchen ungewöhnlich, nicht wahr? Sind Sie abergläubisch? Glauben Sie an Hexerei und Derartiges?«

»Höchstens daran, daß man auf Holz klopfen soll, aber mehr auch nicht. Wieso?«

Der alte Mann lächelte. »Dann macht es Ihnen sicher nichts aus, wenn ich Ihnen die Geschichte dieser Tapete erzähle. Das Muster nennt sich ›Kinder des Teufels‹. Der Künstler, der es entwarf, interessierte sich für alles Okkulte, und es heißt, daß er sich beim Zeichnen der Schwarzen Magie bediente. Man könnte sagen, daß die Tapete heute Sammlerwert hat.«

Die einst weiße Tapete hatte in der Zwischenzeit die Farbe von altem Pergament angenommen, nur gelegentlich durchsetzt von einem Rot, das nicht verblaßt war. Ein großes Einzelmuster, in dem sich zahlreiche Märchenbuchcharaktere tummelten, bedeckte die Wände wie Hunderte von Bildern. Die Gestalten waren erstarrt in alterslosen Posen, ihre Farben so verblaßt, daß oft nur geisterhafte Umrisse zu erkennen waren. Es gab Trolle, Elfen, heimtückisch aussehende Kinder, Satyre mit gespaltenen Hufen, und sie alle beobachteten das Zimmer und einander mit blicklosen Augen.

»Heiland, ich weiß nicht, ob ich das aushalte. Haben Sie kein anderes Zimmer?« T. J. kratzte sich den Schädel mit dem schütteren, schwarzen Haar und schüttelte den Kopf.

»Leider nein, aber vielleicht fällt Ihnen die Tapete nach einer Weile gar nicht mehr auf, meinen Sie nicht?« fragte Faustina ermutigend.

»Okay, okay.« T. J. wühlte in seiner Tasche. »Hier sind die fünfzig. Ich versuche es mal eine Woche lang. Bekomme ich einen Schlüssel?«

»Aber sicher«, sagte Thaddeus. »Wie Sie wissen, heißen wir mit Vornamen Thaddeus und Faustina. Der Familienname ist Legare, und es wäre uns lieber, wenn Sie uns so anreden würden. Hier ist Ihr Schlüssel, Mr. Pike. Sie können gleich einziehen. Das Frühstück ist um halb acht.« Er schob seine Frau aus dem Zimmer und machte die Tür von außen hinter sich zu.

Komisch, daß er sich nicht daran erinnern konnte, ihnen seinen Namen genannt zu haben. Aber was sollte es, die Miete war in Ordnung, und das Zimmer gefiel ihm ganz gut, groß wie es war und peinlich sauber. In dem sicheren Gefühl, daß alles genauso lief, wie er es sich wünschte, ging T. J. zum Busbahnhof und holte seine Tasche aus dem Schließfach. Die beiden alten Leutchen würden einen Schlag bekommen, wenn sie erfuhren, daß sie einen Mörder im Haus hatten.

Es war spät, als er wieder im Haus war und seinen Koffer ausgepackt hatte. Die große Kommode war mehr als ausreichend für seine wenigen Sachen. Anerkennend stellte er fest, wie sauber die Handtücher und die Bettwäsche waren, was ihm sehr gelegen kam nach dem Höllenloch von Gefängnis, in dem er gesessen hatte. Er hoffte, in seinem ganzen Leben nie wieder eine Ratte oder eine Kakerlake sehen zu müssen.

Er schaltete das kleine, tragbare Radio ein, das er sich im Drugstore gekauft hatte, zündete sich eine Zigarette an und legte sich auf das große Bett. Es war weich. Sehr schön. Hier war er also, frei von seiner Frau, die nur bekommen hatte, was sie verdiente, und unbehelligt vom Gesetz. Er konnte immer noch hören, wie sie ihn anschrie, an ihm herumnörgelte, ständig an ihm herummeckerte. Hexe. Sie hätte ihn nie gehen lassen.

Er hatte all seine wenigen Ersparnisse (aber das war es wert gewesen) für den Anwalt ausgegeben, der ihn befragt und nach allen Einzelheiten ausgequetscht hatte, bis er schließlich herausbekam, daß T. J. nie über seine Rechte belehrt worden war. Sie waren nach jemand benannt, der Miranda hieß oder so ähnlich. Teufel! Rechte waren etwas, was er aufgegeben hatte, als er Evelyn heiratete. Kaum daß sie Mann und Frau waren, hatte sie sich in eine keifende Hexe verwandelt.

An seiner Schuld hatte es keinen Zweifel gegeben. An dem Abend, an dem sie ihren lauten und letzten Krach hatten, stand die Polizei vor der Tür, kaum daß er sie endgültig mit einem Hammer zum Schweigen gebracht hatte. Das hatte er den Nachbarn zu verdanken, die sich den Krach nicht mehr gefallen lassen wollten. Aber jetzt hatte T. J. seine Rechte, und er war fest entschlossen, sie auf jede nur mögliche Weise auszunutzen.

Er hatte vor, eine Zeitlang von einem Job zum nächsten zu wandern, bis sich etwas Vielversprechendes für ihn auftat. Dann würde er sich niederlassen und daran arbeiten – vorausgesetzt natürlich, es gefiel ihm. Und was die Frauen anging – die konnten seiner Meinung nach zum Teufel gehen. Das hier war jetzt seine Show, und niemand sollte sie ihm verderben. Wie viele Leute konnten schon einen Mord begehen und trotzdem frei ausgehen? Die Vorschriften des Gesetzes und ein cleverer Anwalt hatten sich zu seinem Vorteil ausgewirkt. Er hatte Glück, das konnte man nicht anders sagen. Nichts konnte jetzt noch schiefgehen. Er lächelte, zog den Figuren auf der Tapete eine lange Nase und schlief ein.

Der Duft von gebratenem Schinken, Zimt und frischem Kaffee

drang durch die wuchtige Tür und kitzelte ihn in der Nase. Heiland! Das letzte Mal hatte er diese Gerüche gerochen, als er noch ein kleiner Junge war und sie noch auf der Farm lebten. Erfrischt nach einem langen Schlaf rollte T. J. sich aus dem Bett und zog sich an. Falls es noch andere Mieter im Haus gab, wollte er der erste am Frühstückstisch sein.

Er stapfte die rote Plüschtreppe herunter und ließ sich von seiner Nase in die Küche führen. Es war ein großer Raum mit gelben Wänden und fröhlichen Vorhängen. Ein großer, runder Tisch war für drei Personen gedeckt. Mrs. Legare nahm gerade einen Kuchen aus dem Backofen.

»Guten Morgen, Mr. Pike.« Ihre lehmbraunen Augen bohrten sich tief in seine und wandten sich dann wieder ab.

»Morgen.« Er setzte sich erwartungsvoll an den Tisch und sah zu, wie sie den dampfenden Kuchen in gleichgroße Stücke zerschnitt.

Sie reichte ihm einen Teller. »Mr. Legare hat wie üblich seine Nachforschungen betrieben. Er möchte noch heute morgen mit Ihnen sprechen.«

»Ohoh«, dachte T. J. Jetzt geht es also los. Es hatte ganz bestimmt damit zu tun, daß er ein Mörder war. Jedenfalls, wenn sie ihn rauswerfen wollten, mußten sie die Kündigungsfristen einhalten. Noch so ein Gesetz, das zu seinen Gunsten war. Er zuckte die Schultern und nahm sich ein Stück von dem Kuchen.

Mr. Legare ließ T. J. wenig Zeit, sich Spekulationen hinzugeben. »Guten Morgen, Mr. Pike. Ich hoffe, Sie hatten eine angenehme Nacht?«

»Ja, die hatte ich tatsächlich.«

»Mr. Pike, Sie müssen wissen, daß Faustina – Mrs. Legare – und ich, uns genau ansehen, wen wir in unser Haus aufnehmen.« Das Maulwurfgesicht blieb freundlich.

T. J. stellte die Tasse klappernd auf die Untertasse. »Ich glaube, ich kann mir denken, was Sie sagen wollen.«

»Aber, aber, Mr. Pike. Hören Sie mich doch erst einmal an. Wir wissen, was – wer Sie sind, und uns soll es recht sein.«

»Recht? Ich verstehe Sie nicht. Worauf wollen Sie hinaus? Ich kann verlangen, daß Sie mich hierbehalten, das wissen Sie doch wohl.« Und voller Selbstvertrauen zitierte er ihnen seine Rechte als Mieter.

Faustina legte ein weiteres Stück Kuchen auf T. J.s Teller. »Thaddeus will damit sagen, Mr. Pike, daß wir uns freuen würden, wenn Sie bei uns bleiben würden.«

»Ja, richtig. Wenn Sie sich dazu entschließen, bei uns zu bleiben, obwohl wir über Ihre Vergangenheit Bescheid wissen, dann ist das allein Ihre Entscheidung.«

T. J. kratzte sich den Kopf. »Falls Sie beide glauben, daß ich gerettet werden muß oder was weiß ich, dann haben Sie sich geirrt.«

»Aber nein, keineswegs«, lächelte Mr. Legare. »Wir versuchen nur auf unsere Art, es unseren Gästen behaglich zu machen.«

Die verschlafenen Maulwurfsaugen huschten zum nickenden, runden Kopf seiner Frau.

T. J. stand auf und wischte sich mit dem Handrücken über den Mund. »Ich sage nicht, daß ich Ihnen glaube. Bestimmt steckt noch etwas anderes dahinter. Aber wenigstens haben Sie mir eine Menge Erklärungen erspart.«

Mrs. Legare strahlte. »Sehen Sie? Wir haben es Ihnen leichter gemacht. Schon seit vielen Jahren ist es uns eine Freude, uns um Leute von Ihrer Art zu kümmern.«

Den ganzen Tag über auf dem Parkplatz versuchte T. J., sich über die Legares klarzuwerden. Was meinten sie bloß mit »von seiner Art«? War mit den beiden vielleicht irgend etwas faul? Teufel noch mal, er hatte nichts zu verbergen. Wieso hatte er sich bloß ausgerechnet ihr Haus ausgesucht, um seinen Hut aufzuhängen? Vielleicht waren die beiden religiöse Spinner und glaubten, ihn retten zu müssen. Aber da waren sie bei ihm an der falschen Adresse. Er empfand keine Reue.

Am Abend ließ er sich einen Vorschuß auf seinen Lohn geben und ging in die Stadt. Er leistete sich ein Steak und trank ein paar Biere. Als er später zu dem alten Haus zurückkam, lag es im Dunkeln, bis auf eine Lampe direkt hinter der Tür, die seinen Schatten vor ihm die Treppe hinaufschwanken und torkeln ließ. In seinem Zimmer angekommen, schaltete T. J. das Licht nur so lange ein, wie er brauchte, um in seinen Schlafanzug zu steigen.

Als er am Spiegel über der Kommode vorbeikam, sah er aus dem Augenwinkel eine Bewegung. Er wußte, daß es nur sein eigenes Spiegelbild gewesen sein konnte, aber er hätte schwören können, daß er gesehen hatte, wie sich die Gestalten auf der Tapete bewegten. Wahrscheinlich hatte er nur zuviel getrunken. Aber bevor er das Licht ausschaltete, sah er sich alle vier Wände genau an. Alles war ruhig. Zufrieden ließ er sich ins Bett fallen und schlief sofort wieder ein.

Als er wach wurde, hatte er das Gefühl, Stunden geschlafen zu haben, aber auf dem Leuchtzifferblatt seiner Uhr war es erst halb vier. Er war noch müde, aber er erinnerte sich genau daran, daß irgendetwas ihn geweckt hatte. Es war ein Gefühl gewesen wie – wie im

Gefängnis , als die Ratten über sein Bett gehuscht waren. Heiland! Er sprang auf und knipste das Licht an. Dann schubste er vorsichtig die Bettdecken an, aber da war nichts weiter als weiche Decken und makellos weiße Laken. Puh! Er steckte sich eine Zigarette an und setzte sich in den Sessel.

Es gab zwei Möglichkeiten, überlegte er. Entweder hatte er eine Art Gefängiskoller, was, wie er sich hatte erzählen lassen, relativ oft vorkam, oder aber er konnte das Trinken nicht mehr vertragen. Vielleicht spielte auch beides zusammen. Das war ja ein großartiger Anfang für sein neues Leben, wenn er bei jedem Schatten gleich zusammenzuckte. Verdammt, nichts und niemand würde ihm sein neues Leben vermasseln. Er drückte die Zigarette aus und warf sich wieder aufs Bett.

Den Rest der Nacht schlief er durch, und erst der Duft des Frühstücks weckte ihn am nächsten Morgen. Auf dem Weg durch den Flur zum Badezimmer zählte er vier weitere Türen, zwei auf jeder Seite. Er ging langsamer und lauschte auf die Geräusche der anderen Mieter, aber alles war still. Entschlossen probierte er den Griff an einer der Türen, aber sie war abgeschlossen. Er fragte sich, wie viele andere Leute tatsächlich in diesem Haus lebten und ob ihre Tapeten auch so wild waren wie seine.

Frisch rasiert und geduscht und guter Dinge marschierte er in die Küche.

»Guten Morgen, Mr. Pike. Ihrem Aussehen entnehme ich, daß Sie gut geschlafen haben?« Mrs. Legare reichte ihm ein großes Glas Orangensaft.

»Ja, habe ich.« T. J. setzte sich. »Bin ich wieder der einzige, der zum Frühstück kommt?«

Faustina sah ihn ausdruckslos an. »Ja.« Dann machte sie sich am Herd zu schaffen.

Wie schon gestern erschien Mr. Legare still und ruhig und setzte sich ebenfalls an den Tisch. »Nun, Mr. Pike, wie gefällt Ihnen Ihre Unterkunft bei uns?«

»Ich kann nicht klagen, nur an die Tapete kann ich mich nicht gewöhnen. Falls eines Ihrer anderen Zimmer frei würde, würde ich gerne tauschen.«

Mr. Legare nickte. »Es ist zwar nicht sehr wahrscheinlich, aber wir werden daran denken.«

Die drei aßen schweigend, bis Thaddeus sich eine Zigarre anzündete. T. J. lehnte die angebotene Zigarre dankend ab und hielt sich lieber an seine Zigaretten.

»Sagen Sie, Mr. Pike, als eine rein akademische Frage, dürfte ich etwas über ihre jüngsten Erfahrungen wissen?«

»Was meinen Sie denn mit akademisch?« fragte T. J. zurück, sofort auf der Hut.

»Ich möchte nur wissen«, sagte Mr. Legare ruhig, »ob Sie es noch einmal tun würden, wenn Sie noch einmal die Gelegenheit dazu hätten.«

»Jetzt verstehe ich Sie. Sie meinen, ob ich meine Alte noch einmal umlegen würde? Darauf können Sie wetten, aber natürlich nur, wenn ich wüßte, daß für mich alles noch einmal so glattgehen würde.« Er lachte über seinen eigenen kleinen Witz.

»Ja, natürlich.« Mr. Legare sah ihn durch den Rauch seiner Zigarre hindurch merkwürdig an.

»Irgendwann einmal, wenn nur wir beide da sind«, sagte T. J. und schloß Mrs. Legare mit einem Nicken aus, »werde ich Ihnen Geschichten über das Gefängnis erzählen, bei denen Ihnen die Haare zu Berge stehen werden. Aber jetzt mache ich besser, daß ich zu meinem Parkplatz komme.«

Als er aufstand und sich zum Gehen umwandte, sah er noch, daß Mr. und Mrs. Legare ihn aufmerksam forschend betrachteten. Ihre Augen schienen vor Vergnügen zu funkeln. Wahrscheinlich waren sie aufgeregt darüber, daß sie unter ihrem einfachen Dach einen Mieter mit einem derart interessanten Leben beherbergten. Er sah sich selbst gar nicht so ungern als eine Art Berühmtheit.

An diesem Abend hatte T. J. nach der Arbeit keine große Lust, in sein Zimmer zurückzukehren. Er aß ein Sandwich, trank zwei Bier und sah sich hinterher einen Film an. Anschließend spazierte er noch ein bißchen durch die Stadt, bevor er sich auf den Heimweg machte. Die frische Luft hatte ihn müde gemacht. Er war froh, daß er nicht allzuviel getrunken hatte, weil er zu müde war, um sich heute nacht mit Halluzinationen abzuplagen.

Wie üblich war das Haus still. Zu still. Die Schatten schienen zu warten, ihn zu beobachten, und er wußte plötzlich ganz genau, aus einem animalischen Instinkt heraus, daß er der einzige Mieter war. Wieso? Die Legares hatten ihn trotz seines zweifelhaften Rufs mit offenen Armen empfangen, hatten ihm aber zu verstehen gegeben, daß es noch andere Mieter im Haus gab. Vielleicht hatte die etwas heruntergekommene Gegend etwas damit zu tun, und der erste Blick auf die beiden komischen Alten, die ihm am ersten Tag die Tür geöffnet hatten, hatte ja fast dazu geführt, daß selbst er die Flucht ergriffen hätte.

Als er die Treppe hinaufstieg, versuchte er, seine dunklen Ahnungen abzuschütteln, indem er sich einredete, daß die Legares dankbar waren, ihn als Gast zu haben, und nicht den Eindruck erwecken wollten, als hätten sie Schwierigkeiten, das Haus vollzubekommen. Ihm sollte es nur recht sein. Das Haus war sauber, das Essen war gut, und es schien ihnen nichts auszumachen, daß er ein Mörder war. Falls überhaupt, waren sie höchstens neugierig.

Eigentlich gefiel es ihm, der einzige Mieter zu sein, denn dadurch konnten sie sich ja auch aufmerksamer um ihn kümmern, und als er die Tür seines Zimmers öffnete, fühlte er sich wieder viel besser. Sogar die Tapete beunruhigte ihn nicht mehr, denn morgen früh würde er verlangen, daß sie ihm ein anderes Zimmer gaben, und er wußte, daß er seinen Willen bekommen würde.

Als er im Bett lag, ließ er das Licht noch eine Weile brennen. Er lag auf dem Rücken und betrachtete die Figuren an den Wänden. Sie sahen alle böse aus, verblaßt, aber auf unverkennbare Art auch fast leuchtend. Nüchtern wie er war, hätte er schwören können, daß einige von ihnen seit dem letzten Mal ihre Stellung gewechselt hatten. Mit einem Schauder stand er auf und schaltete das Licht aus.

Er verbrachte eine ruhelose Nacht. Immer wieder döste er ein, hörte dann irgendwann schwaches Gelächter und unterdrücktes Gekicher, schreckte auf und hörte nichts mehr. Ein fast greifbares Gefühl von Aktivität in seinem Zimmer ließ ihn noch einmal aufstehen und das Licht wieder einschalten, das er bis zur Dämmerung brennen ließ. Entweder gaben sie ihm noch heute ein anderes Zimmer, oder aber die beiden alten Leutchen würden ihren einzigen Mieter verlieren.

T. J. duschte lange und ausgiebig, zog sich an und ging hinunter in die Küche, wo Thaddeus und Faustina schon am Tisch saßen und Kaffee tranken. Noch bevor sie sich in die allmorgendlichen Nettigkeiten stürzen konnten, legte er ihnen seine Beschwerde vor. »Entweder bekomme ich ein anderes Zimmer, oder ich ziehe aus.«

Mr. Legare sagte langsam und geduldig: »Sie haben im Augenblick unser bestes Zimmer, Mr. Pike, und die anderen sind alle nicht verfügbar.«

»Hören Sie mir doch damit auf.« T. J. machte eine ungeduldige Bewegung mit der Hand. »Ich habe Sie beide durchschaut.«

Die Blicke des alten Paares trafen sich, keiner sagte ein Wort, und T. J. wußte, daß er sie da hatte, wo er sie haben wollte. Er drängte weiter.

»Sie brauchen mir nichts vorzumachen – nur weil ich der einzige Mieter bin, den Sie zur Zeit haben.«

»Sie haben recht«, seufzte Mr. Legare. »Leider gehen die Geschäfte nicht sehr gut.«

»Das habe ich mir schon gedacht.« Er schenkte sich eine Tasse Kaffee ein und setzte sich. »Ich will nichts weiter, als in ein anderes Zimmer umziehen. Die Tapete macht mich noch wahnsinnig.« Es war ihm fast peinlich, in der freundlichen Küche mit dem hellen Sonnenlicht etwas Derartiges zuzugeben.

Mrs. Legare warf ihrem Mann einen vorwurfsvollen Blick zu. »Ich habe ja gewußt, daß du Mr. Pike besser nichts von der Tapete erzählt hättest, Thaddeus.«

»Ja, meine Liebe, du hattest recht. Es ist zwar eine gute Geschichte, aber das menschliche Gehirn erfüllt manchmal Kleinigkeiten mit einem eigenständigen Leben.« Thaddeus wandte sich an T. J. »Es tut mir leid, Mr. Pike. Lassen Sie uns noch eine Nacht Zeit, dann bereiten wir für morgen eines der anderen Zimmer für Sie vor. Sie sind alle kleiner, aber die Wände sind in einem hübschen, friedlichen Weiß gestrichen. Wäre Ihnen das angenehmer?«

»Viel, würde ich denken. Aber nur noch diese Nacht. Dann ist Schluß. Ist das abgemacht? Und was gibt's zum Frühstück?«

Faustina nahm einen Teller mit Waffeln aus dem Backofen und lächelte auf T. J. hinunter. »Als eine Art Entschuldigung für die Unannehmlichkeiten würde ich heute abend gerne ein Essen für Sie kochen. Was würden Sie sich denn wünschen?«

»Am meisten würde ich mir wünschen, daß ich schon heute abend in das andere Zimmer umziehen kann.«

»Es war lange verschlossen, und wir müssen erst noch Vorhänge besorgen und aufhängen und was sonst so nötig ist.«

»Also schön. Dann hätte ich gerne Hähnchen und zum Nachtisch Apfelkuchen – aber sorgen Sie dafür, daß das Zimmer morgen auch wirklich fertig ist.«

Als er an diesem Abend von der Arbeit nach Hause ging, hatte T. J. dasselbe Gefühl, das er auch am ersten Abend gehabt hatte, als er das Zimmer gefunden hatte. Nichts konnte für ihn schiefgehen. Jetzt hatte er die Legares in der Hand und einen angenehmen Job. Er fragte sich, was in seinem neuen Leben wohl als nächstes passieren würde. Alles hatte mit einem Hammer angefangen. Darüber mußte er lachen. Heiland! Er hatte sich ein ganz neues Leben mit einem Hammer aufgebaut!

Thaddeus und Faustina warteten schon auf ihn. Er roch ein himmlisches Essen, das in der Küche vor sich hin brutzelte, und er sah, daß der Tisch im Eßzimmer für drei Personen feierlich gedeckt war.

Sogar Weingläser waren da.

Das Essen war großartig. T. J. war übersatt von dem Hähnchen und etwas angeheitert von dem Wein, den sie ihm pausenlos nachschenkten. Schließlich schob er seinen Stuhl vom Tisch zurück und nahm dankend eine von Mr. Legares Zigarren. Dann kippte er seinen Stuhl nach hinten und blies einen Rauchring in die Luft.

»Sagen Sie, Thaddeus«, sagte er vertraulich. »Woher kommt der Name Legare eigentlich? Ist er französisch?«

»Nein, Mr. Pike. Soviel ich weiß, stammt er aus dem Lateinischen.«

»Tatsächlich? Ich weiß nicht, wo meiner herkommt, aber hat Ihrer eine Bedeutung?«

»Die Übersetzung würde bedeuten ›befördern‹ oder ›auf den Weg schicken‹.«

»Nicht schlecht, Thaddeus. Und mit dem guten Essen heute Abend haben Sie mich wie in eine andere Welt befördert. Wir sollten das öfter machen.«

»Wir würden alles tun, damit Sie sich während Ihres Aufenthaltes bei uns wohl fühlen. Nicht wahr, Faustina?«

Der runde Kopf nickte. »Denken Sie nur, wo Sie jetzt statt dessen sein könnten.«

»Ja. Ich war zwar nicht lange drin, aber lange genug.«

»Sie hatten sehr viel Glück, daß Sie wegen eines Formfehlers frei ausgegangen sind, Mr. Pike, genau wie wir neulich schon gesagt haben. Und Sie würden es wirklich noch einmal tun?« Thaddeus und Faustina warteten auf seine Antwort.

Beschwipst vom Wein gab sich T. J. keine Mühe, seine Freude darüber zu verhehlen, daß er ungeschoren davongekommen war.

»Aber sicher. Vielleicht würde es mir sogar noch mehr Spaß machen. Natürlich würde ich dann alles genau vorplanen, damit ich nicht geschnappt würde. Das erste Mal haben sie mich ja praktisch auf frischer Tat ertappt – aber dann kam mir ja doch das Glück zu Hilfe.« Er paffte stolz an seiner Zigarre.

»Wenn Sie uns jetzt entschuldigen würden, würden wir gerne den Tisch abräumen.« Faustina stand auf.

»Trinken Sie noch einen Schluck Wein, Mr. Pike«, bot Thaddeus ihm an.

T. J. blieb noch bei einem weiteren Glas Wein sitzen und rauchte seine Zigarre zu Ende, bevor er nach oben ging. Heiland! In seinem ganzen Leben hatte er noch nie so gut gegessen. Und er war so satt und so voll des guten Weines, daß es ihn nicht einmal beunruhigte, noch eine Nacht in seinem alten Zimmer verbringen zu müssen. Er wollte nur noch schlafen. Er zwängte sich mühsam in seinen Schlafanzug und war schon so müde, daß er es kaum schaffte, die Knöpfe zu schließen.

Später, im dunklen Flur, blieb Thaddeus lauschend an seiner Tür stehen und ging dann lautlos hinunter ins Eßzimmer, in dem Faustina am Tisch saß. Mitten auf dem Tisch stand eine Kerze, und daneben lag ein großes Buch mit Seiten aus Pergamentpapier. Sie sah ihren Mann fragend an.

»Sollen wir anfangen?«

»Ja.« Thaddeus setzte sich und fing an, laut zu lesen:

»›Und höre, er, den du gesandt hast, er, der nicht bereut, soll das Zeichen des Teufels an sich tragen und verschlungen werden von den Kindern der Dunkelheit.‹«

Mit einem Seufzer schloß Faustina das Buch und sah ihren Mann an. »Wird denn keiner von ihnen bereuen, Thaddeus?«

»Wie lange wird die Welt sich noch drehen, Frau? Wir haben unsere Arbeit getan. Es ist jetzt Zeit zum Schlafengehen.«

Am nächsten Morgen klopfte Thaddeus an T. J.s Tür. »Mr. Pike?« rief er laut. Er erhielt keine Antwort.

»Hier ist der Schlüssel«, sagte Faustina.

Sie betraten das Zimmer. Im Morgenlicht leuchtete die Tapete in frischen Farben. Die Gestalten hatten nun rosige Wangen und leuchtendbunte Kleider. Die Bettdecken waren zurückgeschlagen, und die Laken bespritzt mit roten Flecken. Thaddeus blieb stehen und nickte den Kindern des Teufels, die in ihren neuen Farben prächtig aussahen, anerkennend zu.

»Du kümmerst dich um die Laken, Faustina. Ich packe seine Kleider ein und bringe sie zum Altwarenhändler.«

»Wie du willst, Thaddeus. Aber komm doch mal her. Siehst du?« Sie lachte nachsichtig. »Die Knöpfe essen sie immer noch nicht.«

Originaltitel: ROOMER HAS IT, 11/85
Übersetzt von Brigitte Walitzek

Robert Gray

Ein ehrenwerter Beruf

Er denkt an den Dichter Robert Browning, als er ein Pfund Jamaika-Kaffee in seine Manteltasche gleiten läßt. Vor allem an dessen Beschreibung einer Begegnung zwischen Christus und einem Dieb. »Und Christus nahm die Gabe und verzieh den Diebstahl.«

Der Kaffee ist für seinen Freund Georgy, der von einer winzigen Pension und ein paar Almosen lebt, die die Regierung ihm zukommen läßt. Beides zusammen reicht nicht einmal aus, um die alltäglichen Notwendigkeiten abzudecken. Bis auf seine tägliche Weinration hat Georgy kein Geld für Extras übrig.

Dennis kümmert sich um die Extras.

Georgy ist keine Ausnahme in dem Mietshaus, das nicht als Slumgebiet betrachtet wird, weil es einen Block nördlich der inoffiziellen Grenze liegt. Es wird zum größten Teil von Rentnern und Witwen bewohnt, hat aber auch seinen Anteil an jungen Frauen, die sich verzweifelt für ihre Kinder abstrampeln, deren Väter sich Gott weiß wo herumtreiben und denen der Vermieter keinen Augenblick Ruhe läßt, weil sie mit der Miete vom letzten Monat im Rückstand sind. Opfer. Die Welt ist voll von Opfern.

Für Dennis ist ein Leben ohne ein Mindestmaß an Würde und Selbstachtung kein Leben mehr. Auf seine stille, unaufdringliche Art bringt er seinen Nachbarn immer wieder einen kleinen Geschmack von Luxus, um ihnen ihr hartes Leben wenigstens ein bißchen zu versüßen.

Er macht keine große Sache daraus. In der Gegend, in der er wohnt, erweckt man besser nicht den Eindruck, zu viel Geld zu haben. Junkies und Straßengesindel können Geld riechen. Es hat denselben Geruch wie die Angst.

Dennis tut alles, um zu verhindern, daß man ihn für einen dieser alten Spinner hält, die ihre Millionen in Kaffeebüchsen horten und irgendwann an Unterernährung sterben. Er weiß, wie schnell solche Legenden in Umlauf geraten. Er weiß, wie kriminelle Hirne arbeiten. Schließlich war er selbst fast die ganzen siebzig Jahre, die er schon auf dieser Erde weilt, ein professioneller Dieb.

Georgy kommt an die Tür. Er hat Schwierigkeiten mit seinen dem Geräusch nach hundert Schlössern, aber dann späht sein dicker, müder, roter irischer Schädel mit seinem Heiligenschein aus weißem

Haar um die Ecke. Immer noch in Schlafanzug und Morgenmantel lächelt er sein zahnloses Lächeln. Bereits jetzt ist er eingehüllt in das beißende Aroma fermentierter Trauben.

»Siehst aber heute morgen schick aus, Dennis«, sagt er und betrachtet voller Bewunderung die blitzblanken, spitzen Schuhe seines Freundes, den braunen Anzug mit passender Krawatte, das saubere weiße Hemd und den nur um eine Winzigkeit abgeschabten Hut, der keck über einem dünnen Habichtsgesicht sitzt.

Dennis tippt mit der einen Hand an seinen Hut und hält Georgy mit der anderen den Kaffee hin. Er ist an Komplimente über sein Aussehen gewöhnt. Er kultiviert das dinstinguierte, leicht fadenscheinige Aussehen und das Verhalten eines alternden Professors, obwohl er sich alles, was er weiß, selbst beigebracht hat, seit er in den zwanziger Jahren die Schule verließ, um seiner Mutter beim Geldverdienen zu helfen. Aber er hat immer viel gelesen und betrachtet sich allen Widrigkeiten zum Trotz als einen gebildeten Mann.

Georgy schüttet den Kaffeesatz von gestern in den von schmutzigem Geschirr überquellenden Spülstein.

»Der Kaffee riecht gut, Dennis. Besser als der Schlamm, den ich sonst immer trinke. Aber eigentlich müßte ich dir etwas geben. Du hast doch morgen Geburtstag, oder?«

»Du hast mich zum Frühstück eingeladen, Georgy. Das reicht völlig.«

Als er am Küchentisch seines Freundes sitzt, hört Dennis Mrs. Ferrilli von nebenan, die durch die Decke zu ihrer Nachbarin von oben hochschreit, Mrs. Donata mit Namen, die sieben Katzen und einen um sein Leben bangenden Kanarienvogel besitzt. Die italienischen Stimmen sind den ganzen Tag zu hören, harmonisieren so vollkommen mit dem Verkehrslärm, den Radios und dem Babygeschrei, daß niemand mehr Notiz von ihnen nimmt.

Georgy serviert Dennis eine Scheibe Toast und ein Spiegelei. Es ist wahrscheinlich alles, was er anzubieten hat. Manchmal vergißt Dennis, daß seine Freunde nicht nur ein bißchen Luxus, sondern auch ganz prosaische Sachen nötig haben. Aber irgend etwas in ihm wehrt sich dagegen, so Banales wie Brot und Eier zu stehlen.

Er ist immer noch hungrig, als er gegen halb elf Uhr das Haus erneut verläßt. Draußen vor der Tür schiebt eine zerlumpte Frau einen Einkaufswagen voller Gerümpel über den Bürgersteig und hält jeden an, der ihr begegnet.

»Soll ich Ihnen mal eine Geschichte erzählen, bei der sich Ihnen der Magen umdreht –« Weiter kommt sie nicht, bevor die Leute sich an ihr vorbeigedrängt haben. Dann nimmt sie sich die nächste Person vor und versucht es aufs neue. Immer wieder dieselben Worte. Sie wird nicht müde, sie gibt nicht auf.

Dennis nickt höflich, als er sich auf seinem Weg zur Bushaltestelle an ihr vorbeischiebt. Unter einem dunklen, bedeckten Himmel besteigt er einen Bus in die Außenbezirke der Stadt, wo ein neues Einkaufszentrum eröffnet hat, ein vielversprechendes Paradies für Diebe mit grenzenlosen Versuchungen und gleichgültigen Angestellten.

Als erstes betritt er den Lebensmittel-Supermarkt. Er hat seine Einkaufstasche mit dem falschen Boden bei sich, unter dem er fast ein Drittel des Gesamtfassungsvermögens an heimlichen Waren verstauen kann.

In der Obst- und Gemüseabteilung studiert er die Karte, auf der die langweilige Geschichte der Kiwis aufgeführt ist, bis der Angestellte, der Eisbergsalat aufgefüllt hat, in einem Laderaum verschwindet, um Nachschub zu holen.

Hastig steckt Dennis zwei Blätter Kopfsalat und einen Apfel in seine Tasche. Er zupft eine kleine Traube ab und verspeist gemächlich die Kronen, während er zur Brotabteilung schlendert, wo er einer Packung Schnittbrot zwei Scheiben entnimmt und die Plastikverpakkung sorgfältig wieder schließt.

Auf seinem Weg zu den Milchprodukten hält er kurz inne, um in der Delikatessenabteilung etwas Senf aus einer Tube zwischen seine beiden Brotscheiben zu drücken und sich ein halbes Pfund Roastbeef geben zu lassen. Aus einer Packung, die er zwei Tage vorher geöffnet und dann versteckt hat, entnimmt Dennis eine individuell verpackte Scheibe Schweizer Käse, der in Illinois hergestellt wurde. Er trinkt einen halben Liter Milch für seine Knochen und stellt den leeren Pappbehälter in das Regal zurück.

Dann knabbert er noch ein paar Kekse aus einer Packung, die jemand anderes aufgerissen hat. Er besorgt eine Dose Medaglio-d'Oro-Kaffee für Mrs. Ferrilli, die es genießt, wenn sie ihn gelegentlich zu einer Tasse ihres himmlischen Espressos einladen kann. Er muß ihr auch eine neue Flasche Anisette besorgen.

Die Einkaufstasche ist immer noch leer.

Jetzt legt Dennis ein Dutzend Eier für Georgy und zwei Pfund Margarine hinein, um die Mrs. Stein ihn gebeten hat. Er wartet geduldig an der Kasse und läßt seinen Blick hin und her wandern, um sich selbst kleinste Kleinigkeiten für später einzuprägen. Es ist einfach, ein Dieb zu sein, wenn man seine Hausaufgaben macht, nicht allzu gierig ist und nach außen hin eine Fassade unerschütterlicher Ehrbarkeit aufrichtet.

Die Hausaufgaben schließen ganz simple Details ein, wie zum Beispiel das Wissen, wo die toten Punkte der Spiegel an der hinteren Wand liegen, die dazu da sind, den Kunden nachzuspionieren. Oder zu wissen, wann neue Ware angeliefert wird, an welchen Tagen und zu welchen Zeiten alle verfügbaren Angestellten aus den Verkaufsräumen abgezogen werden, um beim Ausladen zu helfen.

Dennis lächelt die Kassiererin freundlich an, als er an die Reihe kommt. Er nimmt die Eier und die Margarine aus der Tasche und zeigt ihr, wo die Preisschilder kleben, bevor er die drei Artikel wieder in seine Tasche zurücklegt. Aus der Manteltasche zieht er den Coupon für einen Rabatt von zehn Cents, den Mrs. Stein ihm gegeben hat. Die Eier sind im Sonderangebot.

Nachdem er den Supermarkt verlassen hat, geht er in den Spirituosenladen, um ein Fünftel Anisette zu stehlen und mit dem verschlafenen Verkäufer über das Wetter zu plaudern.

Seine letzte Station ist das Warenhaus, das ebenfalls zum Einkaufszentrum gehört. Er spaziert in die große Elektroabteilung, um sich auf einem der zwölf Fernseher, die an einer Wand ausgestellt sind, die Zwölf-Uhr-Nachrichten anzusehen.

Alle Geräte sind auf denselben Sender eingestellt. Eine hübsche junge Frau läßt beim Lächeln die Zähne aufblitzen und verliest eine Liste der neuesten Schrecklichkeiten und Heucheleien. Sie ist wie eine besorgte Mutter, die die schlechten Nachrichten für die Zuschauer in kleine, besser verdauliche Bissen zerteilt. Dennis hat trotzdem große Mühe, sie zu schlucken.

Zwei der drei Verkäufer, die normalerweise in dieser Abteilung arbeiten, sind zum Mittagessen, was die Chancen beträchtlich verbessert. Dennis hat keine Schwierigkeiten, vier der neuesten Top-Ten-LPs in Kassettenform zu organisieren. Sie sind für die jungen Leute im Haus. Obwohl er ihre Begeisterung für diese Form von Musik nicht teilt, freut er sich doch über seinen wachsenden Ruf als »ausgeflippter Rock-Opa«.

Der Schwung der Jugend ist hin. Die Einkaufstasche wird ihm schwer.

Zeit für den Heimweg.

In der Nähe der Universität muß Dennis in einen anderen Bus umsteigen. Er stellt sich neben den Zeitungsautomaten gleich neben dem Unterstand.

Eine gutgekleidete Frau, beladen mit einer Aktentasche und einem Arm voller Bücher, hastet vorbei und schiebt mit akrobatischem Geschick ihre Münze in den Schlitz. Aber mit der Klapptür hat sie Probleme.

Dennis eilt ihr galant zur Hilfe und hält die Klappe auf, so daß sie hineingreifen und sich eine Zeitung von dem Stapel dahinter nehmen kann. Sie hastet weiter. Bevor er die Klappe zufallen läßt, nimmt Dennis sich ebenfalls eine Zeitung.

Der Regen, der schon den ganzen Vormittag drohte, stürzt nun in einem wahren Sturzbach vom Himmel und peitscht die staubigen Straßen, so daß Dennis ins Innere des gläsernen Unterstands flüchten muß. Da er weiß, daß er genug Zeit hat, belegt er sein Sandwich, ißt es langsam und beobachtet andere Passanten, die mit Zeitungen und Aktentaschen über den Köpfen vor den Wassermassen Schutz suchen.

Der Regen ist zu stark, um lange zu dauern, und tatsächlich läßt er wenige Minuten später schon wieder nach und geht schließlich in ein leichtes Nieseln über. Dennis zerknüllt das Papier, in das sein Roastbeef eingewickelt war, und stopft es in den Briefkasten neben dem Unterstand – ein kleiner, terroristischer Akt, der Teil seiner lange währenden Fehde mit dem amerikanischen Postdienst ist. Aber das ist eine andere Geschichte.

Als der Regen, der gegen die gläsernen Wände des Unterstandes hämmert, immer schwächer wird, ist plötzlich ein anderes Geräusch zu hören, ein rätselhaftes Plop-Plop, das aus dem nächsten Gebäude zu kommen scheint, einer Bank. Dennis wirft durch die gläserne Rückwand einen Blick hinüber und sieht einen bärtigen jungen Mann mit Sonnenbrille und Baseballmütze aus der Bank stürzen. In einer Hand hat er eine große, vollgestopfte Papiertüte, in der anderen einen Revolver. Er läuft die Straße hinunter, vorbei an einem Tabakgeschäft, einem Drugstore, einem Lokal und einem Waschsalon und verschwindet in der ersten Seitengasse, an die er kommt.

Summer und Alarmglocken treten in Aktion, so viele davon, daß man meinen könnte, jedes einzelne Geschäft in der ganzen Straße wäre überfallen worden. Leute kommen aus Geschäften, Lokalen und Restaurants, um zu sehen, was los ist. Dennis verläßt den Unterstand und geht zur Bank hinüber. Durch die großen Scheiben sieht er, wie sich dahinter Leute von dem marmornen Fußboden erheben. Ein uniformierter Wächter mit gezogener Waffe läuft zur Tür.

»Hast du den Kerl gesehen, Opa?« schreit er, als er auf die Straße kommt.

Dennis kann nicht mit Sicherheit sagen, warum er tut, was er tut. Vielleicht einfach aus professioneller Höflichkeit einem Kollegen gegenüber. Ohne ein Wort zu sagen, deutet er in die entgegengesetzte Richtung zu der, die der Junge auf seiner Flucht eingeschlagen hat. Die Waffe drohend schwenkend, spurtet der Wächter davon, während in der Ferne schon das Heulen von Sirenen zu hören ist.

Dennis hat nicht den geringsten Zweifel daran, daß es sich bei dem jungen Mann, den er nun aus der Seitengasse kommen sieht, um den Bankräuber handelt. Er hat den Bart, die Pistole, die Mütze, die Sonnenbrille und das Geld verschwinden lassen. Sogar das Hemd hat er gewechselt. Ein Stück weiter bleibt er bei drei Männern stehen, die gerade aus einer Bar gekommen sind. Wahrscheinlich fragt er sie, was die ganze Aufregung bedeutet.

Eine Menschenmenge bildet sich, wie Menschenmengen es nun einmal tun. Dennis verschmilzt mit der menschlichen Wand, die den Bankeingang blockiert. Die Polizei verbringt mehr Zeit mit dem Zurückdrängen der Leute als mit ihren Ermittlungen.

Im Inneren der Bank befragen drei Beamte in Zivil den Wächter. Dennis ahnt, daß wenigstens ein Teil dieser Unterhaltung sich um einen alten Herrn dreht, der den Bankräuber flüchten sah. Dennis stellt sich hinter die größten Leute, die er finden kann, und nimmt sogar den Hut ab, um ganz sicherzugehen, daß er nicht erkannt wird.

Er studiert die Gesichter der Menge wie ein Musiker das Publikum beim Konzert eines talentierten, jungen Rivalen. Er sieht den gebannten Ausdruck dieser Gesichter, die heimliche unwiderstehliche Erregung, die sie daraus ziehen, daß sie sich in der Nähe eines Verbrechens befinden. Er beneidet den Bankräuber um sein Publikum.

Der Wächter erzählt immer noch seine traurige Geschichte und deutet lebhaft in die falsche Richtung. Dennis weiß, daß bald die Hunde kommen werden, die die Spur aufnehmen sollen, falls der Regen sie noch nicht fortgewaschen hat.

Aus irgendeinem Grund ist Dennis nervös. So wenig Zeit. Die Hunde.

Als er die Einkaufstasche in die andere Hand wechselt und merkt, daß seine Handflächen schweißnaß sind, weiß er, daß etwas nicht in Ordnung ist. Bis zu diesem Augenblick war der Gedanke, falls er überhaupt schon in seinem Kopf herumspukte, noch nicht bis in sein Bewußtsein vorgedrungen.

Er stellt die Tasche einen Augenblick ab und schüttelt die Spannung und den Schweiß aus seinen Händen. Dann nimmt er sie wieder hoch. Der Gedanke liegt nun offen da und wartet darauf, überprüft zu werden.

Das ganze Geld kann ihm gehören.

Zum ersten Mal in seiner Karriere lassen Dennis' Nerven ihn im Stich. Er hat das Gefühl, von allen beobachtet zu werden, einschließlich von dem Wächter, der ihm durch die Fensterscheiben der Bank genau ins Gesicht sieht, aber in seinen nervösen, zornigen Augen liegt nicht einmal der Schimmer des Erkennens.

Dennis löst sich aus der Menge. Hinter der Menschenansammlung ist die Straße leer, bis hinunter zur Gasse. Da er das Gesicht des Räubers nicht in der Menge vor der Bank gesehen hat, vermutet er, daß der Junge sich in eine der Kneipen verzogen hat, bis es hier draußen ein bißchen ruhiger wird. Das heißt, falls er sich sein Geld nicht doch schon geholt hat. Dennis weiß nicht genau, wen er mehr fürchtet – die Polizei oder den Bankräuber.

Er sieht über die Schulter zurück, vergewissert sich, daß niemand ihn beobachtet, und betritt die Gasse, die nach etwa hundert Metern an einer Mauer endet. Eigentlich ist es gar keine Gasse, sondern mehr ein Durchgang, der die hohen Backsteinmauern eines Waschsalons und eines billigen Schnellrestaurants mit Namen Sollys Grill voneinander trennt. Die einzigen drei Türen, die zu sehen sind, haben weder Schlösser noch Griffe.

Dennis zwingt sich dazu, ruhiger zu atmen und geht tiefer in die Gasse hinein, an deren Ende ein großer, stinkender Müllcontainer steht, um den herum sich Berge von Abfällen und regendurchweichten Pappkartons türmen.

Er schwitzt. Das Hemd klebt an seinem Rücken. Er weiß, daß er nicht viel Zeit hat, um das zu tun, was getan werden muß, und erst recht hat er keine Zeit, die falsche Strategie zu wählen. Er studiert den Müllberg sorgfältig und kommt zu dem Schluß, daß eine Salatkiste, die ziemlich am linken, hinteren Rand des Containers liegt, am vielversprechendsten ist. Da fast alles andere mit sorgloser Gleichgültigkeit übereinandergeworfen und gekippt wurde, macht die simple Tatsache, daß die Salatkiste mit der richtigen Seite nach oben steht, sie zum wahrscheinlichsten Kandidaten.

Vorsichtig erklettert Dennis den glitschigen Berg aus Pappkartons, Plastiktüten und verfaulenden Essensresten. Er hört, wie die Ratten sich tiefer ins Innere des Müllhaufens hineinwühlen. Zweimal rutscht er aus, schlägt hart auf die Knie und fühlt, wie nasser Glibber seine Hosenbeine durchnäßt. Er hält sich kurz an der Kante des Containers fest und wischt danach aus Versehen den Rost von seinen Händen an seinem weißen Hemd ab.

Mühsam und schwer atmend kämpft Dennis sich hinauf zur Salatkiste. Der Deckel ist an drei Seiten aufgeschlitzt worden. Dennis hebt ihn auf. Die Kiste ist bis zum Rand voll mit durchnäßten, verfaulten, verfärbten Salatblättern, von denen manche so rostig aussehen wie der ganze Container.

Dennis krempelt die Ärmel seines Mantels und seines Hemds bis zu den Ellbogen hoch und steckt den Arm tief hinein in die matschigen Tiefen der Kiste. Seine Finger berühren den kühlen Lauf einer Waffe. Er merkt sich die Stelle und konzentriert sich darauf, sie zu umgehen, während er weitersucht. Seine Fingerabdrücke sollen nirgends zu finden sein, nur auf dem Geld.

Als seine Hände sich nach dem hinteren Teil der Kiste ausstrecken, muß er sich über die Kante des Containers beugen. Sein Hemd streift dagegen, und kühle Feuchtigkeit durchnäßt es und läßt ihn zittern.

Er findet das Hemd, die Sonnenbrille, die Baseballmütze. Seine Finger bohren sich durch eine nasse Papiertüte.

Bei den Scheinen handelt es sich zum größten Teil um gebrauchte Zehner und Zwanziger. Er hält sich nicht mit Zählen auf. Er wirft die Kassetten, die Eier, die Margarine und den Apfel in eine dunkle Ecke der Gasse und stopft die Scheine in seine Einkaufstasche. Dann arrangiert er sorgfältig die Zeitung, den Kaffee und die Flasche Anisette darüber.

Dennis rutscht den Müllberg hinunter, verliert das Gleichgewicht und knickt mit dem Fuß um. Nur wenige Sekunden später ist er wieder auf der Straße – dreckig, humpelnd und reich.

Dennis wartet im Unterstand auf den Bus. Die Menschenmenge vor der Bank löst sich allmählich auf. Immer noch stehen Polizeiautos herum. Der Kleintransporter einer Fernsehanstalt parkt vor der Bank, und ein Mann in einem gelben Blazer hält ein Mikrophon vor das Gesicht des Bankwächters, der seine Geschichte noch einmal erzählt.

Die Bushaltestelle ist gedrängt voll mit Leuten, fast so, als wären sie alle herbeigebracht worden, um die Menge vor der Bank eindrucksvoller zu machen, und würden nun wieder nach Hause gefahren.

Dennis wirft einen Blick auf seine Uhr. Seine Hände zittern so stark, daß er die Ziffern kaum erkennen kann. Er ist kribbelig. Er will endlich in den Bus steigen und hier wegkommen. Er hat sich einen Husten geholt, der nicht mehr aufhören will. Die Leute werden schon auf ihn aufmerksam. Immer wieder begegnet er Blicken, in denen er Mißtrauen und Widerwillen liest. Er versucht, nicht daran zu denken, was für einen Eindruck er machen muß, kann aber nicht anders. Er bietet einen fürchterlichen Anblick.

Sein Knöchel pocht schmerzhaft. Ein dunkler, nasser Fleck verfärbt seine Hemdbrust. Seine Ärmel sind zerknittert und dreckig. Sogar das Geld ist dreckig. Der Regen lockte Gerüche daraus hervor, die Millionen von Fingern in das Papier hineingerieben haben. Es war in nassem Abfall vergraben und wurde dann in eine Einkaufstasche gestopft. Er weiß, daß ein unangenehmer Geruch von ihm ausgeht. Eine Frau zieht angewidert die Luft ein und flüchtet ins Freie. In einem der Streifenwagen geht die Sirene los, und Dennis fällt fast von der Bank. Die Leute starren ihn wieder an und wenden dann hastig den Blick ab.

Er sieht hinunter auf seine Tasche. Andrew Jacksons Gesicht grinst ihn an, denn die Zeitung ist in der Zwischenzeit verrutscht. Er zupft so nervös daran herum, daß sie ganz herausfällt. Verzweifelt drückt er den oberen Rand der Tasche gegen seine Brust und hofft, daß niemand etwas gesehen hat. Er hebt seine Zeitung auf und legt sie an ihren Platz zurück. Mehr Leute verlassen den Unterstand.

Er macht ihnen angst. Macht ihnen ebenso angst wie die verrückte alte Frau mit dem Einkaufswagen, die immer vor seinem Haus herumläuft, ihnen angst machen würde, besessen von ihren wertlosen Schätzen und von ihrem wertlosen Leben.

Dennis wagt nicht, den Blick vom Boden zu heben. Sein Gesicht brennt vor Verlegenheit und Demütigung. Er hört den Bus kommen, hört den Motor dröhnen und die Bremsen zischen. Er hört die Türen aufgleiten, hört, wie der Bus alle in seinen Bauch schluckt.

Alle, bis auf Dennis.

Nach einer langen, ausgiebigen Dusche zieht er sich frisch an. Dann wirft er alles andere weg: den Anzug, das Hemd, sogar die Schuhe und die Einkaufstasche. Er stopft alles in Plastiktüten und schleppt sie hinunter, hinter das Haus, wo er sie passenderweise in einem Müllcontainer deponiert.

Am nächsten Tag stellt er fest, daß die Geschichte nicht einmal die Titelseite einnimmt. Erst auf Seite fünf wird mit einem einzigen, winzigen Foto über den Bankräuber berichtet, dem sein schlechtes Gewissen anscheinend keine Ruhe ließ. Der bärtige junge Mann kehrte irgendwann an den Tatort zurück und deponierte das gestohlene Geld in einem Briefkasten in der Nähe der Bank. Auf dem grobkörnigen Foto ist dieser Briefkasten zu sehen.

Einen Plastikbeutel mit Eiswürfeln und dem geschwollenen Knöchel, trinkt Dennis seinen Kaffee und liest den Artikel immer wieder aufs neue.

Er schämt sich zutiefst. Wenn er kein Dieb ist, was ist er dann? Ein Nichts. Ein alter Trottel, der sich Selbsttäuschungen hingibt. Nutzlos. Er hat das Gefühl, in seinem Inneren sei etwas Lebensnotwendiges zerrissen, aus seinem Herzen herausgerissen. Er weiß, daß er eigentlich heute wieder ins Einkaufszentrum fahren müßte, und wenn er auf Knien kriechen müßte, nur um sich zu beweisen, daß der Vorfall vor der Bank ein einmaliger Ausrutscher in einer ansonsten makellosen Karriere ist, wie ein Jockey, der nach einem schlimmen Sturz sofort wieder in den Sattel steigt.

Aber er weiß, daß er es nicht tun wird. Er wird hier sitzen, die vernichtende Zeitung anstarren und immer wieder über diesen Augenblick der Feigheit und des Versagens nachdenken. Der Gestank des Geldes klebt immer noch hartnäckig an seinen Fingern. Er stellt die Kaffeetasse ab und reibt sich die Hände. Er denkt an Lady Macbeth und wie sie versucht, Blut, das gar nicht da ist, von ihren Händen zu waschen.

Als es an der Tür klopft, kümmert er sich erst nicht darum und hofft, daß wer immer es ist von alleine weggehen wird. Aber das Klopfen bleibt, und er ist gezwungen, seinen müden, schmerzenden Körper zur Tür zu schleppen, sich mit den Schlössern abzumühen und die Tür zu öffnen.

Der schäbige Gang ist voller Menschen. Mrs. Ferrilli hält ein Tablett mit frischem Espresso und einer Flasche Anisette in den Händen. Mrs. Donato hat ihre geliebten, angeschlagenen Mokkatäßchen gebracht, die schon ihrer Mutter, noch im alten Heimatland, gehörten. Georgy hat einen Krug Wein. Ein Dutzend Kinder und Teenager zeigen strahlende, fröhlich lächelnde Gesichter. Und angeführt wird die Truppe von Mrs. Stein, die Dennis einen riesigen Geburtstagskuchen voller brennender Kerzen hinhält und auf sein Lob und seine Zustimmung wartet.

Sie quellen in seine Wohnung, füllen sie mit Leben, mit Freude, mit Zuneigung. Und Dennis vergißt sich selbst, vergißt seine Scham, seinen Ekel vor sich selbst und seine Angst. Statt dessen bemerkt er, daß Mrs. Steins Schuhe fast von ihren Füßen fallen und hinten nur von zwei Stücken Isolierkabel zusammengehalten werden. Und daß Georgy ein oder zwei anständige Hemden nötig hätte. Und daß die Torres-Zwillinge ihre Hosen mit Wäscheleinen hochhalten.

Vielleicht wird er doch noch heute zum Einkaufen losziehen, denkt er. Aber natürlich muß er sich zuerst eine neue Tasche besorgen und die notwendigen Veränderungen daran vornehmen.

Stand nicht in der Zeitung, daß Anfang dieser Woche ganz in der Nähe ein neuer Taschenladen eröffnet wurde?

Originaltitel: AN HONORABLE PROFESSION, 10/85
Übersetzt von Brigitte Walitzek